Valentina Harper

Malen für die Seele

TIERE

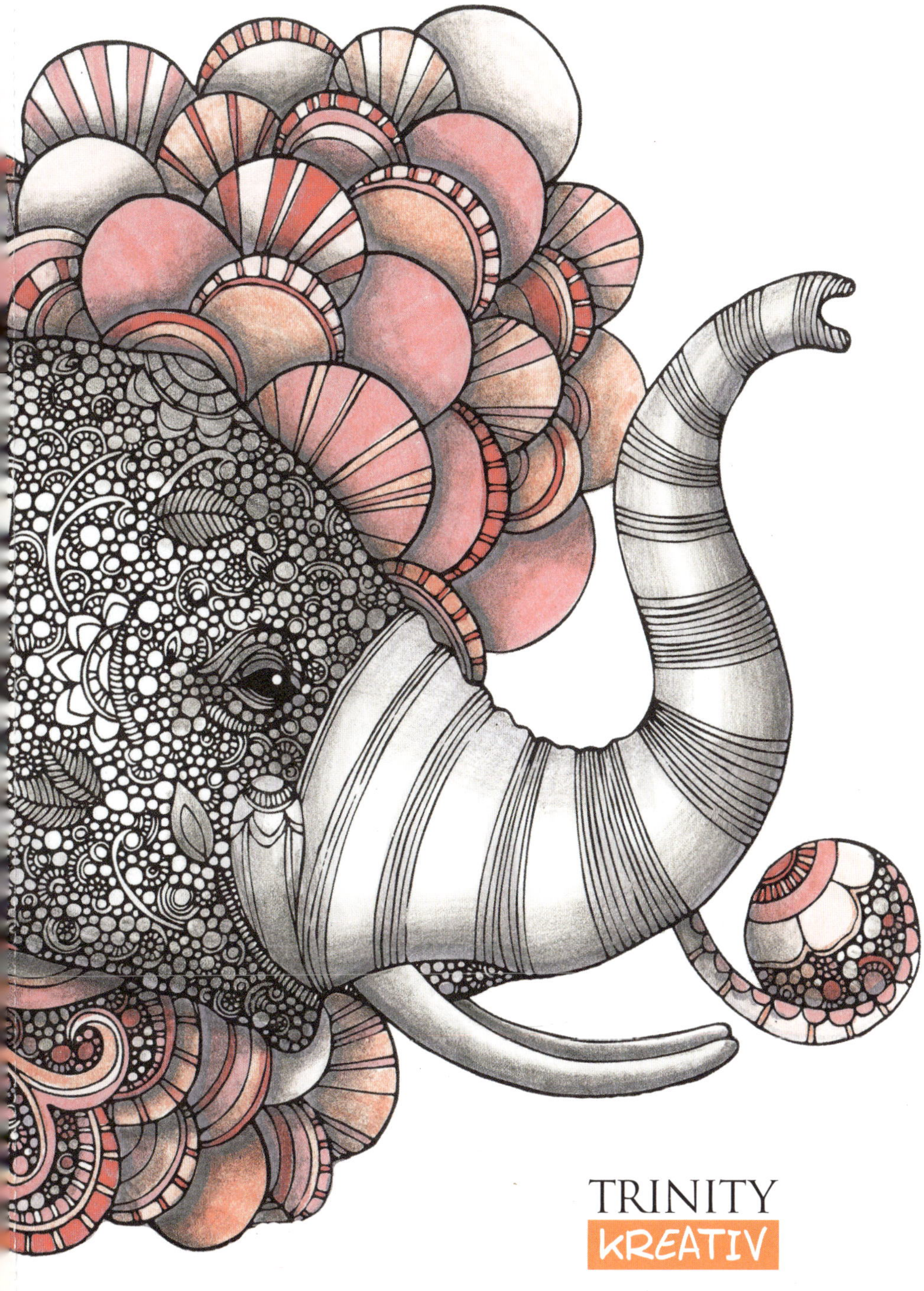

TRINITY
KREATIV

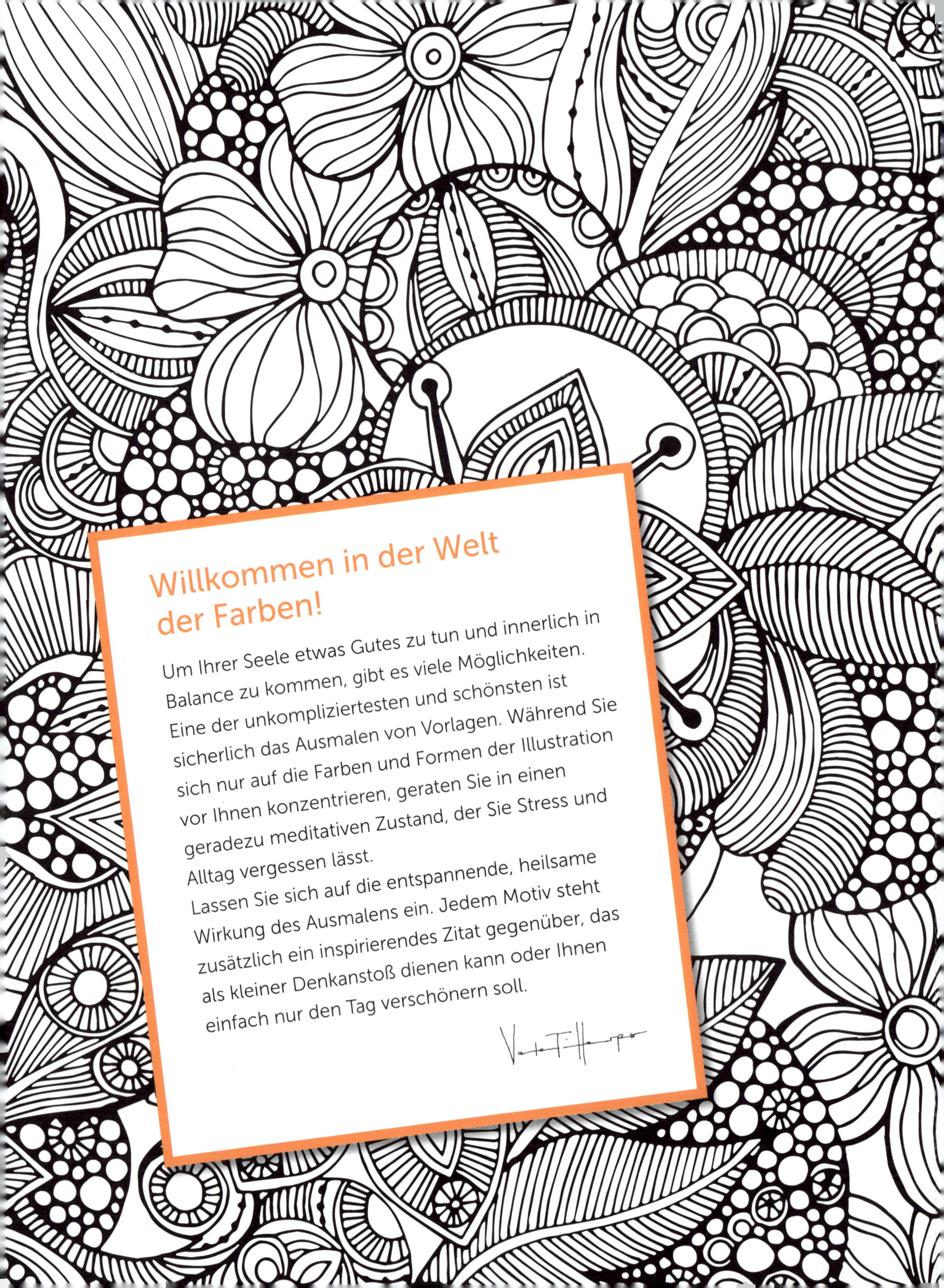

Willkommen in der Welt der Farben!

Um Ihrer Seele etwas Gutes zu tun und innerlich in Balance zu kommen, gibt es viele Möglichkeiten. Eine der unkompliziertesten und schönsten ist sicherlich das Ausmalen von Vorlagen. Während Sie sich nur auf die Farben und Formen der Illustration vor Ihnen konzentrieren, geraten Sie in einen geradezu meditativen Zustand, der Sie Stress und Alltag vergessen lässt.

Lassen Sie sich auf die entspannende, heilsame Wirkung des Ausmalens ein. Jedem Motiv steht zusätzlich ein inspirierendes Zitat gegenüber, das als kleiner Denkanstoß dienen kann oder Ihnen einfach nur den Tag verschönern soll.

Aus Freude am Malen

Sie haben noch nie Vorlagen ausgemalt? Keine Sorge. Dieses Buch ist so konzipiert, dass Sie Ihrer Fantasie freien Lauf lassen können. Egal, ob Sie Buntstifte, Aquarellfarben, Pinsel-Filzstifte, Gel- oder Pastellstifte verwenden – jedes Malutensil ist geeignet, um die folgenden Tiermotive farbenfroh zu gestalten. Meine Illustrationen können Sie ganz nach Ihren Wünschen ausmalen. Es ist Ihre Entscheidung, ob Sie die eine oder andere Stelle weiß stehen lassen, ob Sie ganze Flächen in einer Farbe anlegen oder jedes Feld sorgfältig in einem anderen Farbton kolorieren möchten – jedes Werk wird dadurch einzigartig und auf seine Weise wunderschön.

Dank der seitlichen Perforierung können Sie die Blätter leicht heraustrennen, um sie an die Wand zu hängen oder zu verschenken. Lassen Sie sich davon anregen, wie die bekannte Künstlerin Marie Browning meine ersten Tiermotive koloriert hat. Wie Sie sehen, wirkt jedes Bild ein wenig anders, je nachdem, ob Sie mit Pinselstiften, Aquarellfarben oder Buntstiften malen. Aber jetzt nichts wie los!

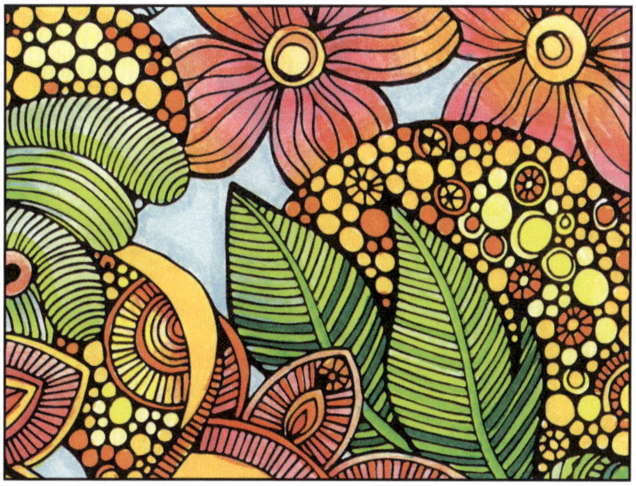

Farbgestaltung: Marie Browning

Pinsel-Filzstifte

ABT Dual Brush Pen von Tombow | Frische Töne

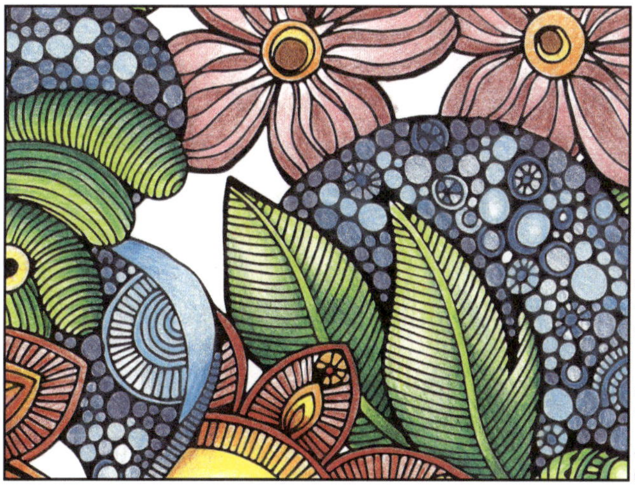

Farbgestaltung: Marie Browning

Buntstifte

Irojiten von Tombow | Lebhafte Töne

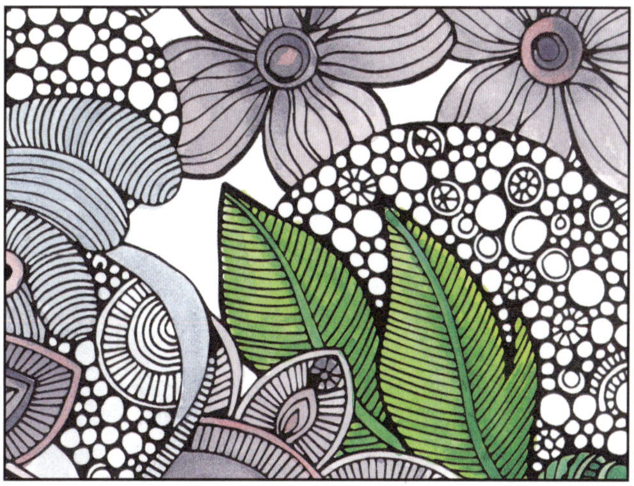

Farbgestaltung: Marie Browning

Aquarellfarben

Aquarellfarbe von Winsor & Newton | Benachbarte Farben

Wege der Gestaltung

Von diesem Malbuch werden Sie am meisten haben, wenn Ihnen bewusst ist, dass es beim Kolorieren weder Richtig noch Falsch gibt – wie generell beim Arbeiten mit Farbe. Meine Zeichnungen sind so gestaltet, dass sie als Vorlagen für die verschiedensten Techniken dienen können.

Beim Kolorieren der Motive geht es vor allem um eines: die Freude am Malen! Die Arbeit soll entspannen und Spaß machen. Die Bilder enthalten zahlreiche Details und Formen, die sich individuell ganz unterschiedlich ausgestalten lassen. Der kreative Prozess des Einzelnen steht dabei immer im Vordergrund. Spielen Sie also nach Herzenslust mit Ihren Lieblingsfarben, stellen Sie sie neu zusammen und experimentieren Sie.

Sie können eine Vorlage beim Ausmalen im Ganzen betrachten oder auch Element für Element angehen, sodass sich beim Kolorieren allmählich ein stimmiges Gesamtbild aufbaut. Wählen Sie die Vorgehensweise, die Ihnen persönlich liegt. Lassen Sie sich Zeit und genießen Sie das Gestalten.

Rechts sehen Sie einige Möglichkeiten, wie Sie ein Motiv kolorieren können.

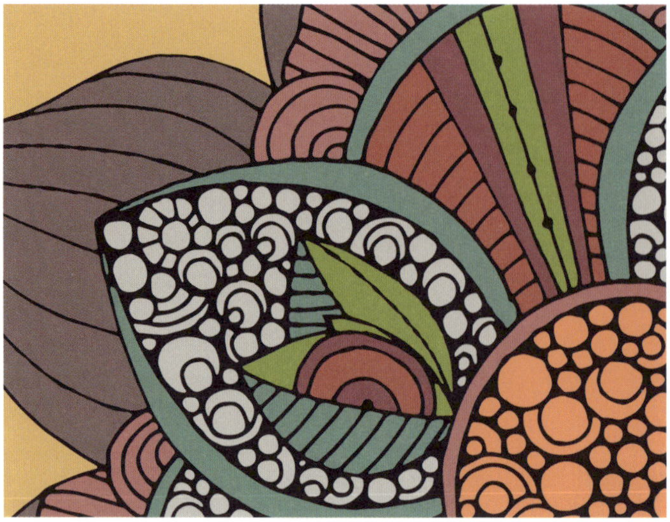

Kolorieren Sie größere Bereiche der Zeichnung (zusammenhängende Felder, nicht jedes Detail) in einer Farbe.

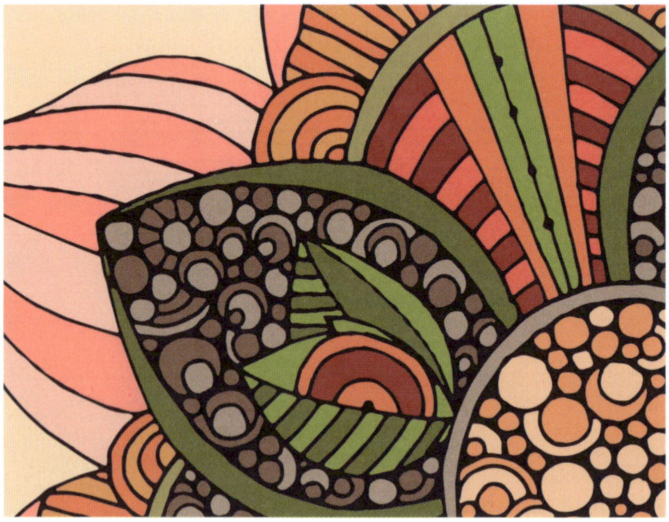

Kolorieren Sie die Details innerhalb eines größeren Bereiches abwechselnd in verschiedenen Farben.

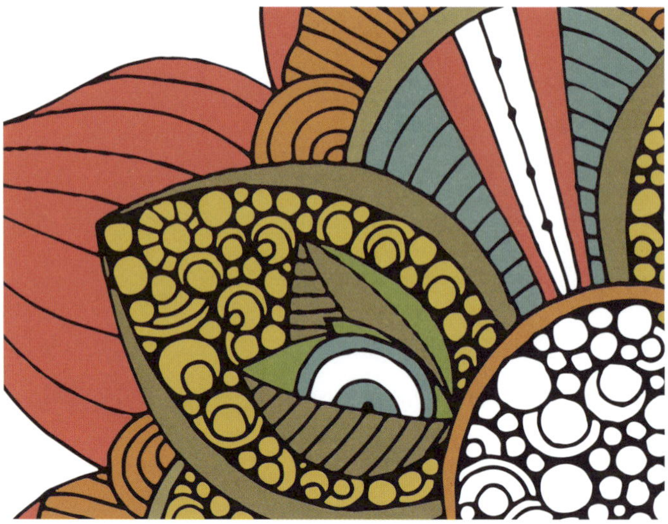

Lassen Sie einige Felder weiß: Das vermittelt dem Ganzen Räumlichkeit und Leichtigkeit.

Tipps für die Farbwahl

Mir macht es großen Spaß, beim Kolorieren verschiedene Techniken zu kombinieren. Was die Wahl der Farben angeht, lautet mein Motto: Je leuchtender, desto besser! Durch intensive Töne werden Illustrationen erst lebendig.

Wichtig: Beim Ausmalen gibt es keine festen Regeln. Worauf es ankommt, ist der spielerische Umgang mit Farbe, die Entspannung beim Tätigsein – und natürlich Ergebnisse, mit denen Sie zufrieden sind.

Mischen Sie Ihre Farben nach Lust und Laune. Arbeiten Sie sich dabei von den Primärfarben über die Sekundärfarben zu den Tertiärfarben vor. Durch das Mischen verschiedener Töne lassen sich ganz unterschiedliche Wirkungen erzielen. Für den Fall, dass Sie mit der Farbenlehre nicht vertraut sind, gibt es hier einen kleinen Überblick.

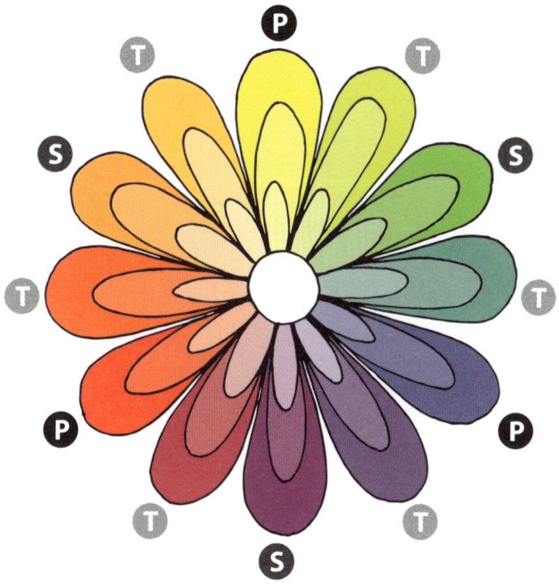

P **Primärfarben** sind Farben, die nicht aus anderen Farben gemischt werden können: Gelb, Blau und Rot.

S **Sekundärfarben** sind Farben, die durch die Mischung zweier Primärfarben im Verhältnis 1:1 entstehen: Grün, Violett und Orange.

T **Tertiärfarben** sind Farben, die durch die Mischung einer Primärfarbe mit einer Sekundärfarbe entstehen. Beispiele sind Grüngelb oder Rotviolett.

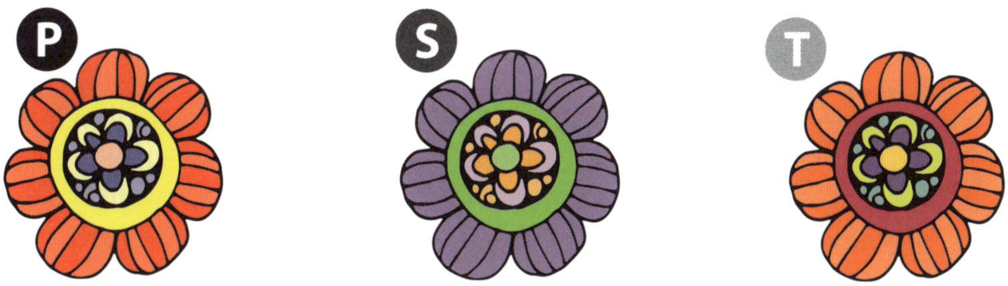

Trauen Sie sich, Ihre persönlichen Lieblingsfarben zusammenzumischen. Die Möglichkeiten sind grenzenlos!

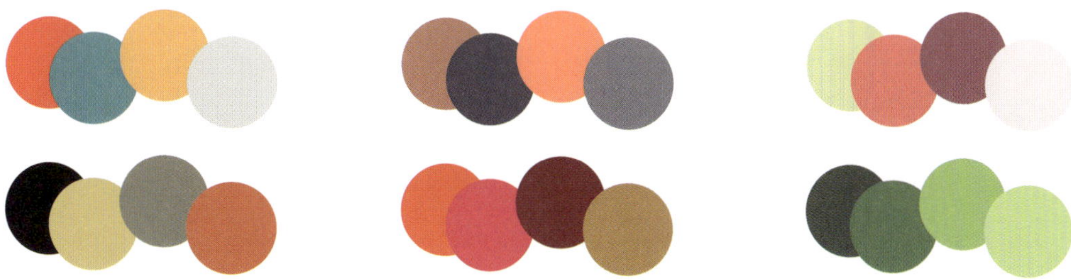

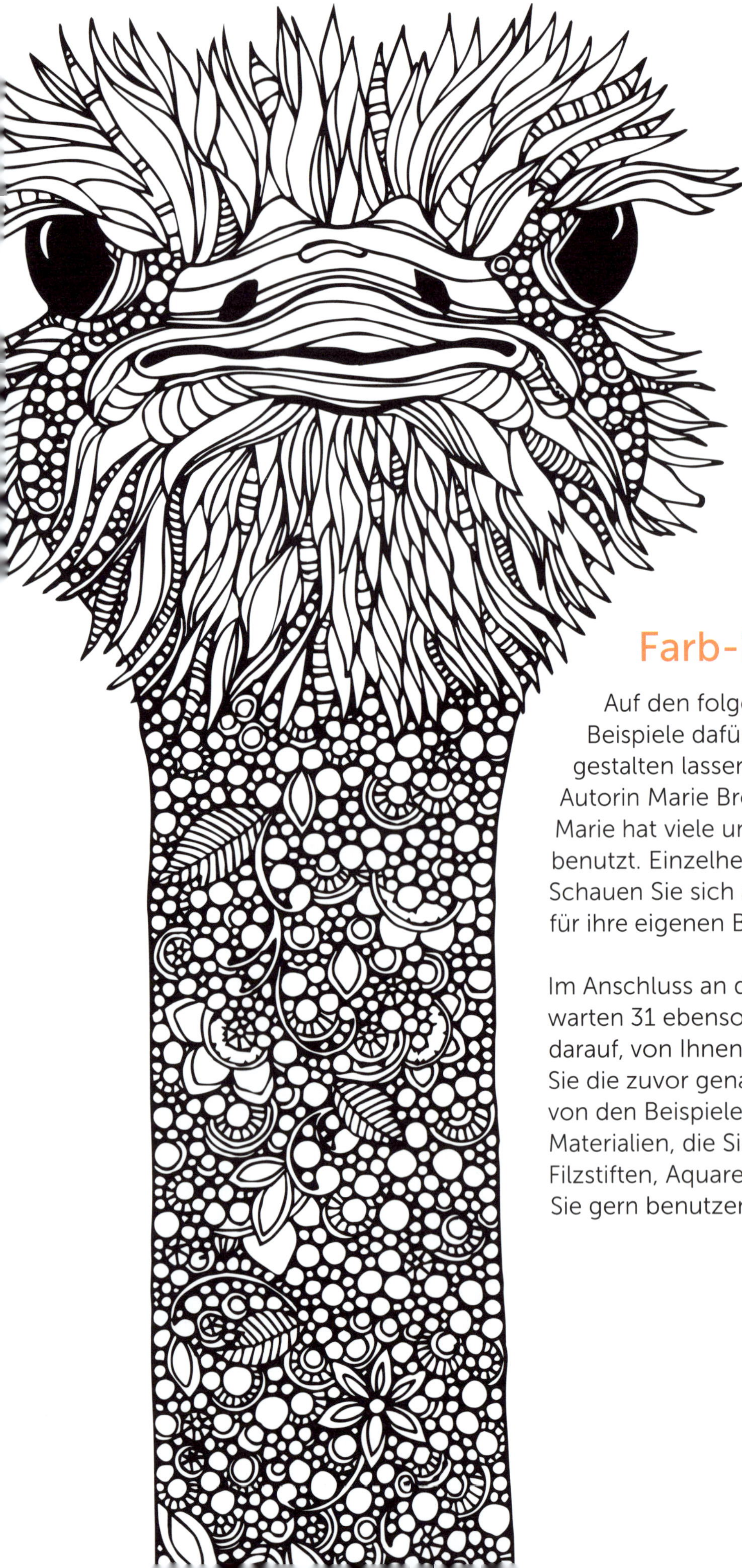

Farb-Inspirationen

Auf den folgenden neun Seiten finden Sie Beispiele dafür, wie sich meine Illustrationen farbig gestalten lassen. Koloriert hat sie die Künstlerin und Autorin Marie Browning, deren Talent ich sehr schätze. Marie hat viele unterschiedliche Techniken und Farben benutzt. Einzelheiten dazu stehen unten auf jeder Seite. Schauen Sie sich alles genau an, um sich Anregungen für ihre eigenen Bilder zu holen.

Im Anschluss an die hier gezeigten fertigen Arbeiten warten 31 ebenso schöne Vorlagen aus der Tierwelt darauf, von Ihnen ausgemalt zu werden. Beherzigen Sie die zuvor genannten Grundsätze, lassen Sie sich von den Beispielen inspirieren und greifen Sie zu Materialien, die Sie motivieren: Buntstiften, Pinsel-Filzstiften, Aquarellfarben oder was auch immer Sie gern benutzen.

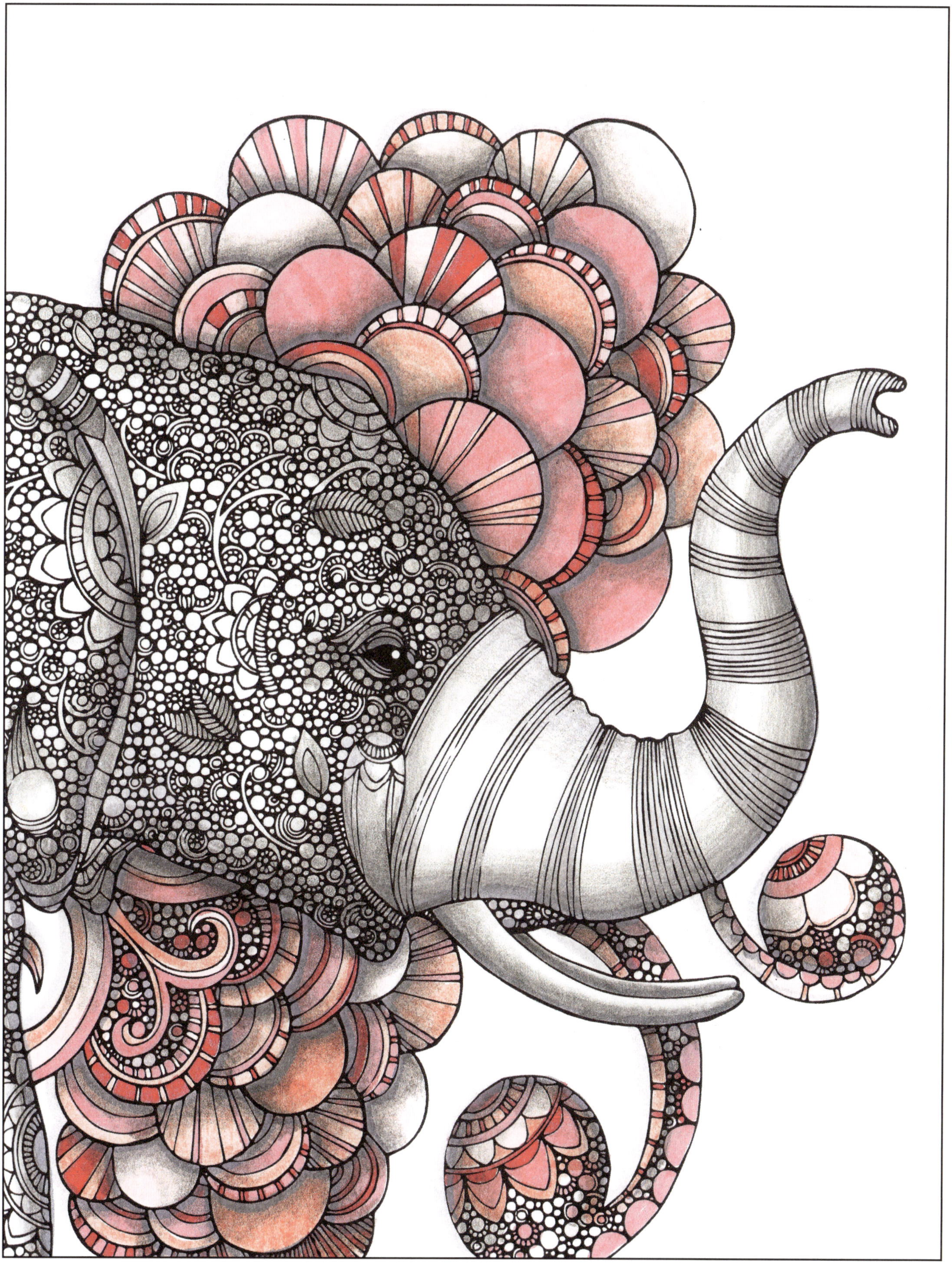

Pinsel-Filzstifte (Tombow), Graphitstifte (Tombow) | Designer-Farbtöne |
Farbgestaltung: Marie Browning

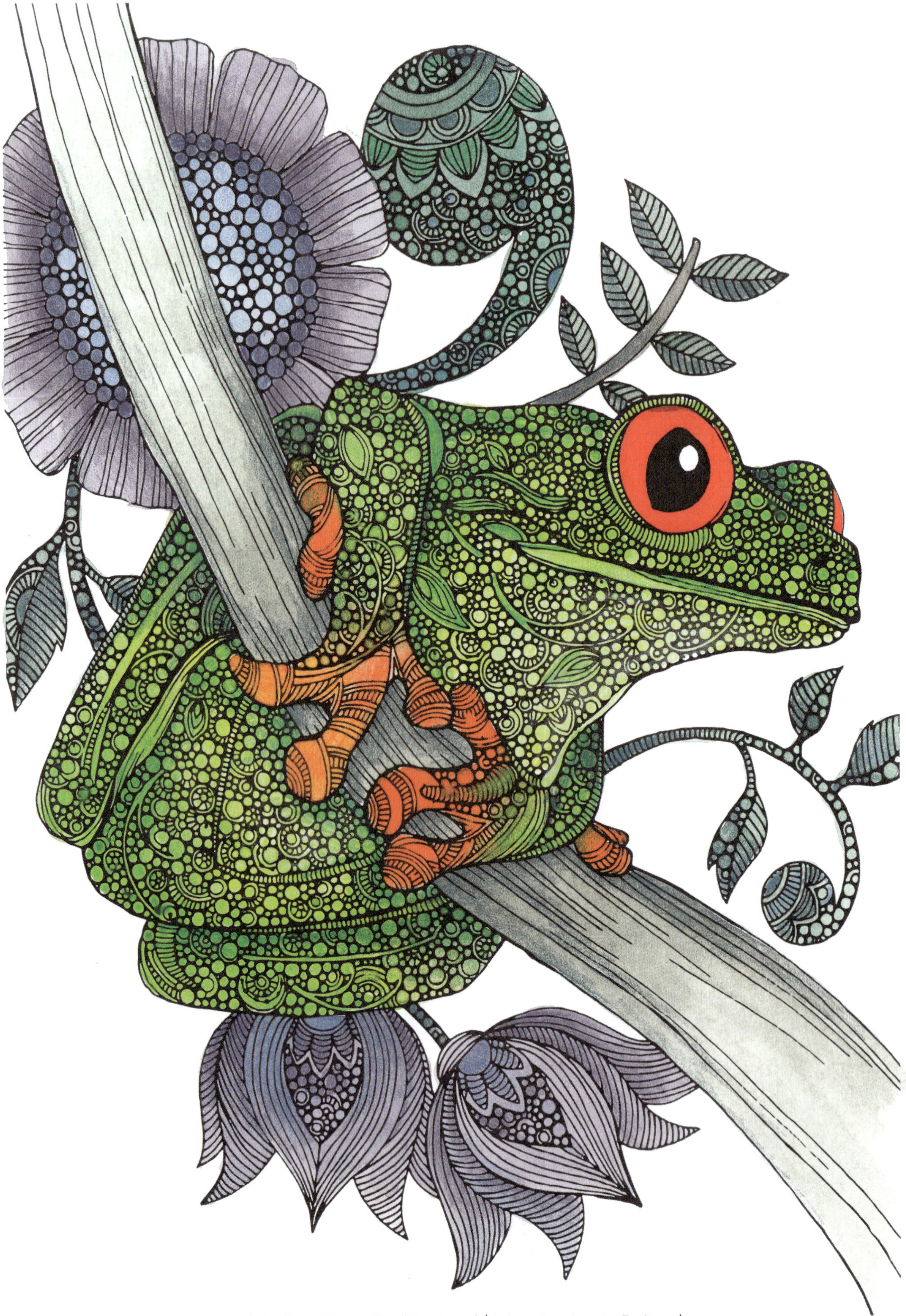

Aquarellfarben (Winsor & Newton), Irojiten-Buntstifte (Tombow) | Intensive, bunte Farben |
Farbgestaltung: Marie Browning

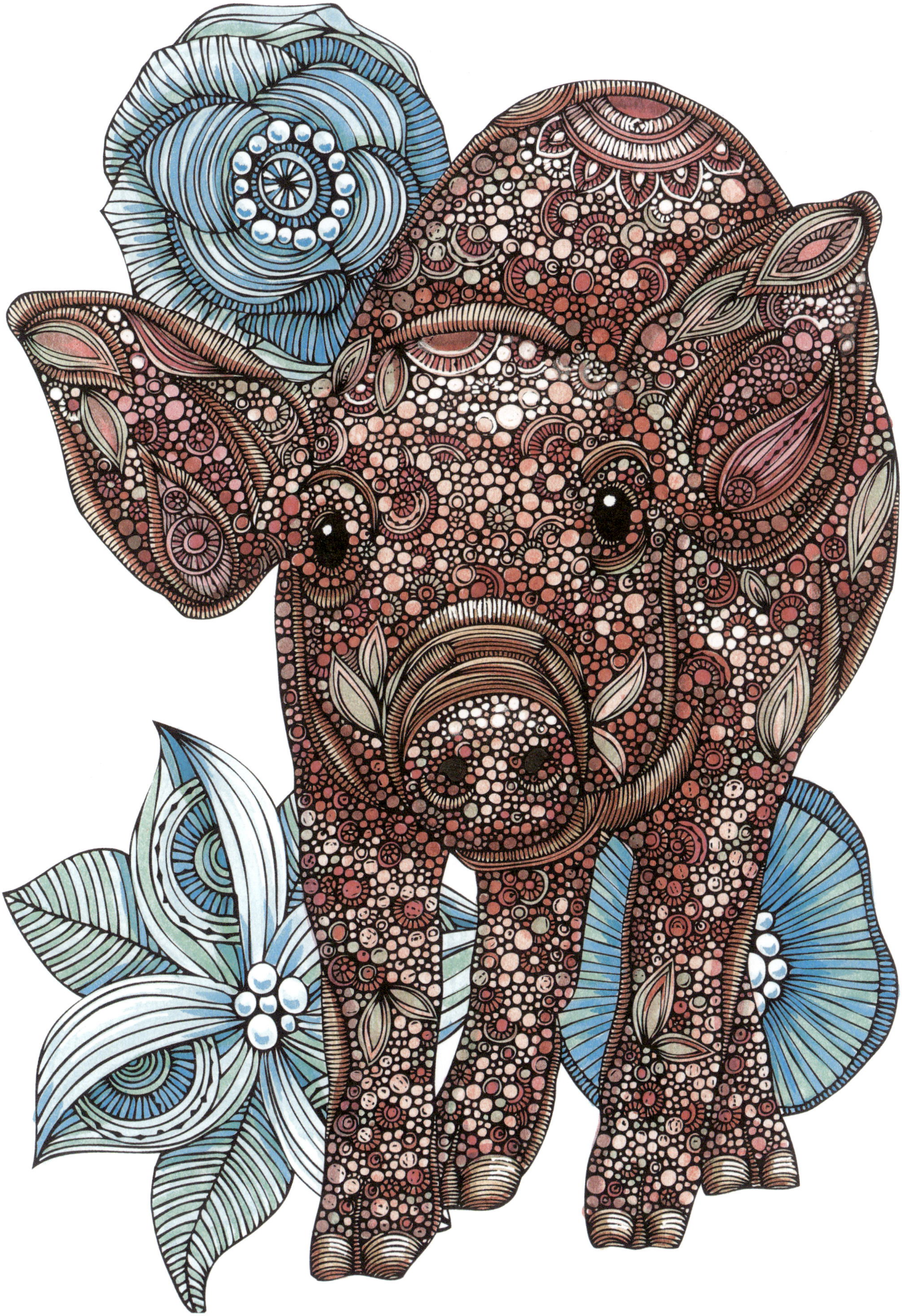

Pinsel-Filzstifte (Tombow) | Frische Töne |
Farbgestaltung: Marie Browning

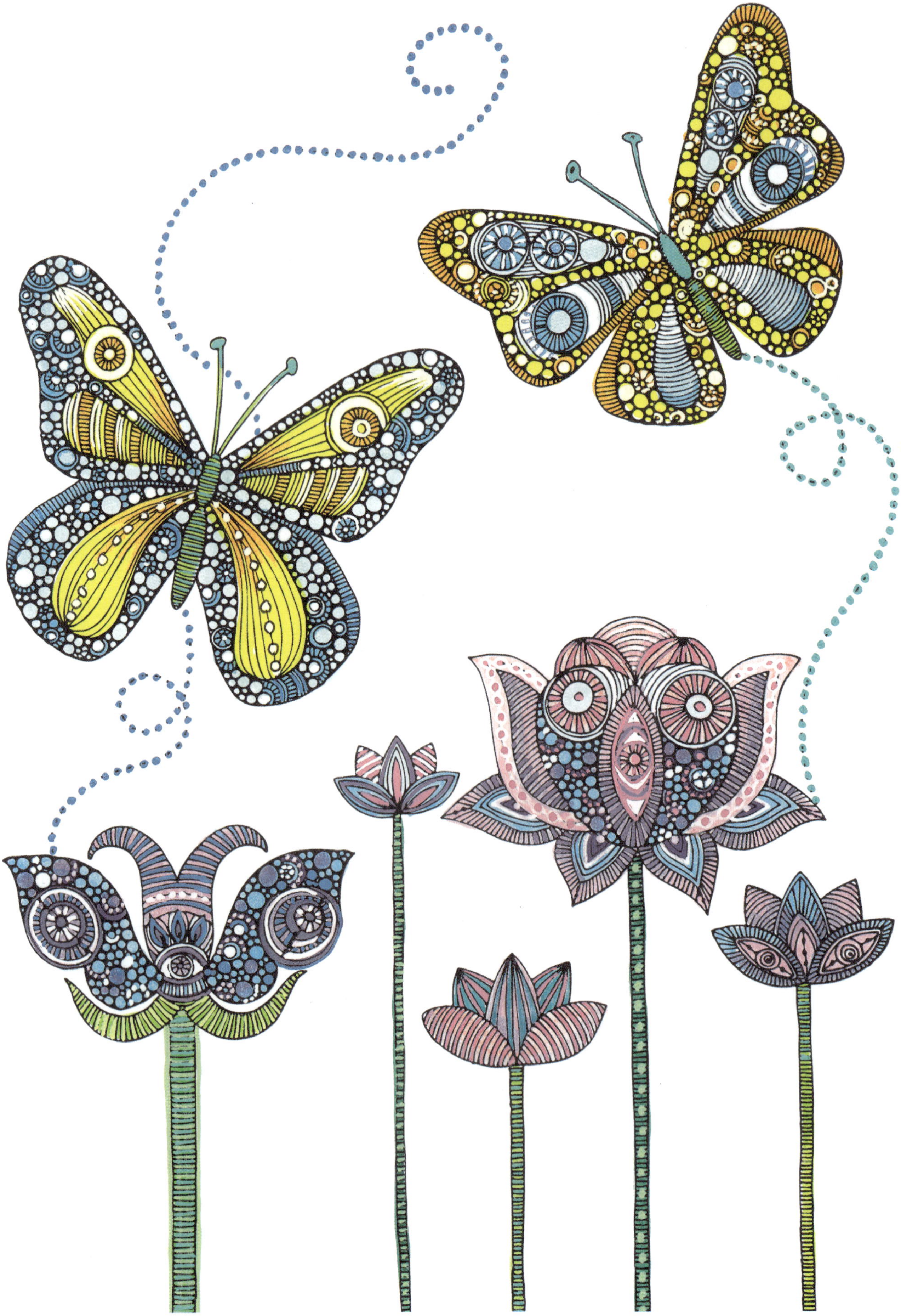

Pinsel-Filzstifte (Tombow), Gelstifte (Sakura®) | Leuchtende Töne |
Farbgestaltung: Marie Browning

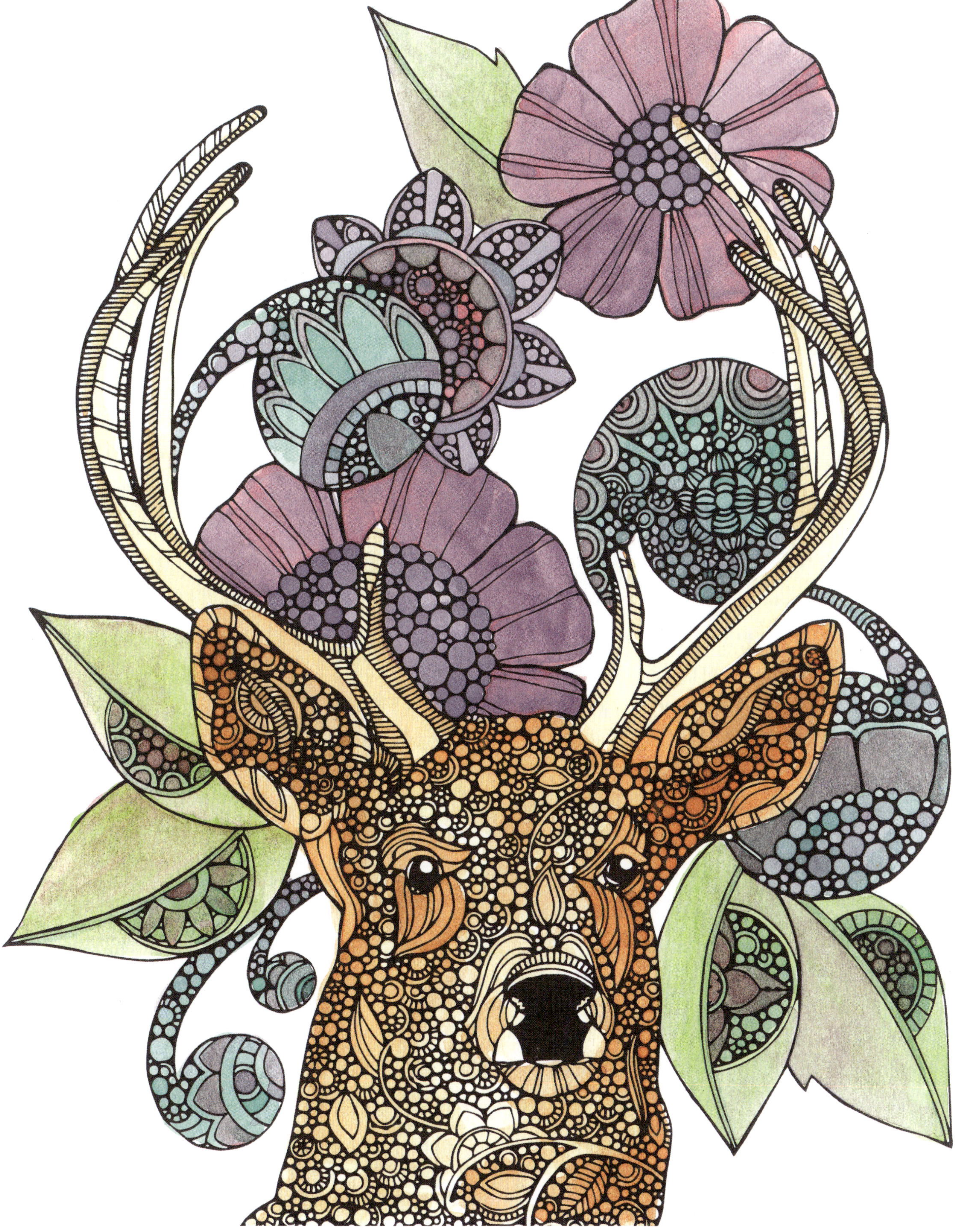

Aquarellfarben (Winsor & Newton) | Satte Naturtöne |
Farbgestaltung: Marie Browning

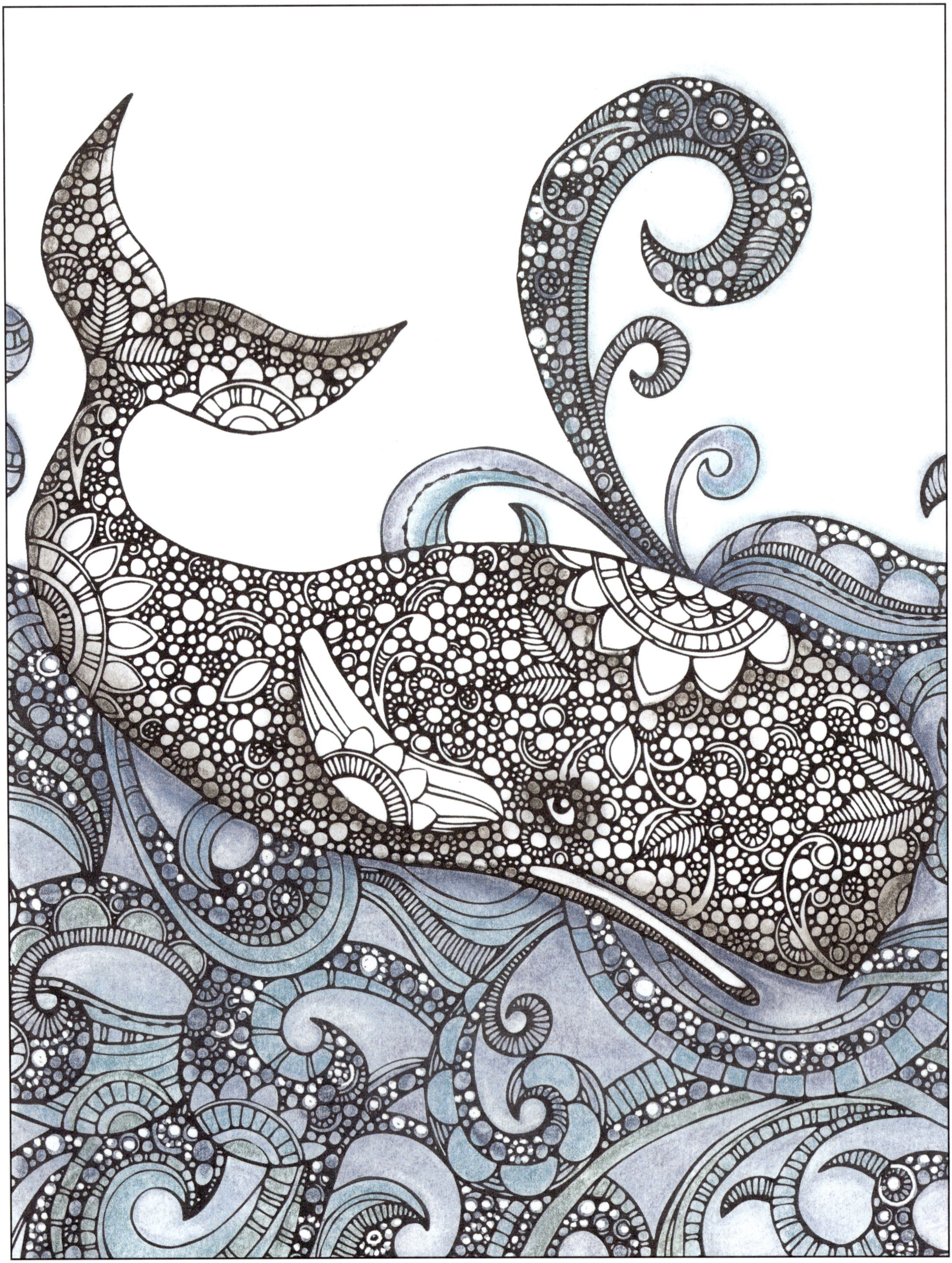

PITT-Pastellstifte (Faber-Castel), weiße Gelstifte (Sakura) | Meeresfarbtöne |
Farbgestaltung: Marie Browning

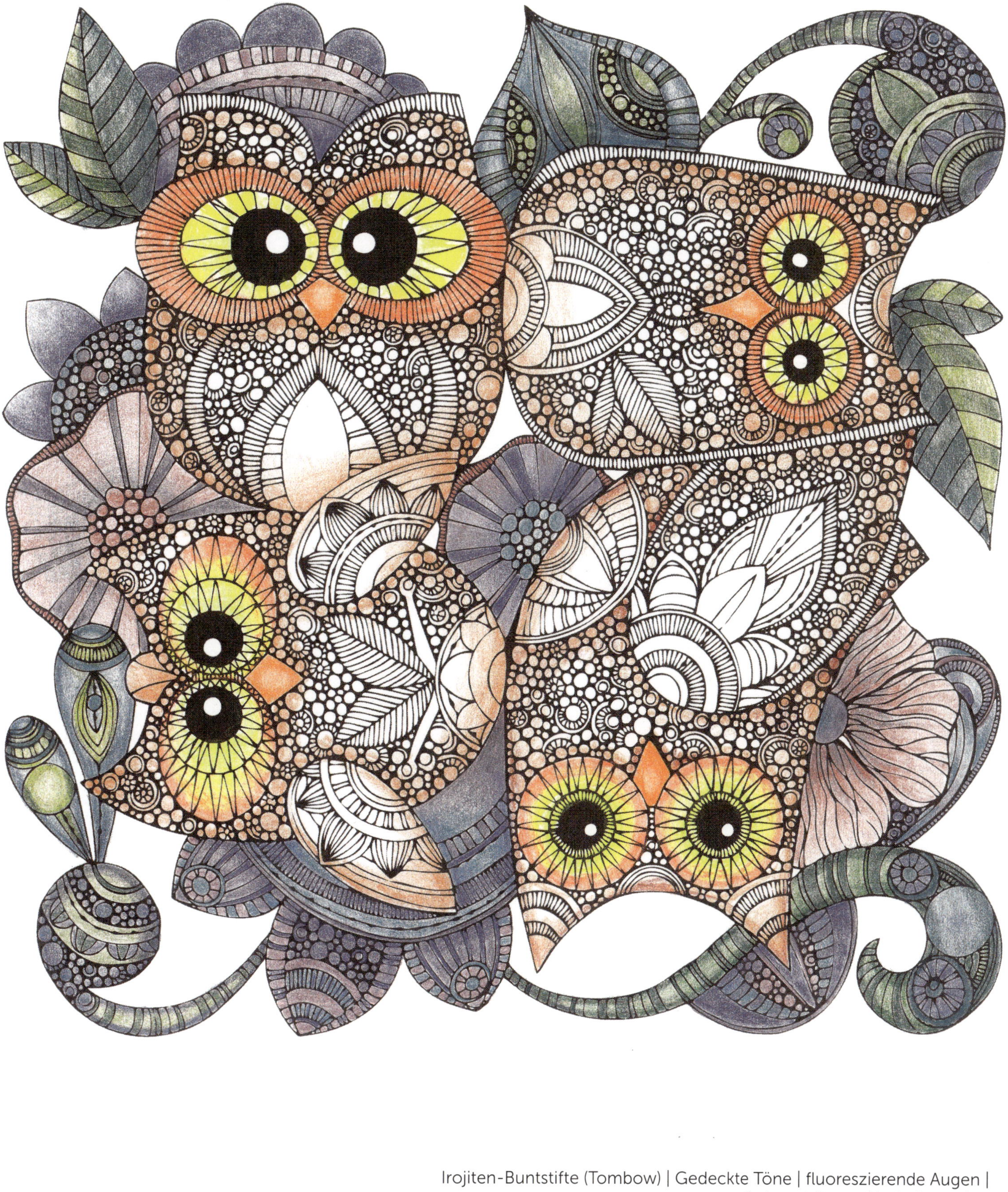

Irojiten-Buntstifte (Tombow) | Gedeckte Töne | fluoreszierende Augen | Farbgestaltung: Marie Browning

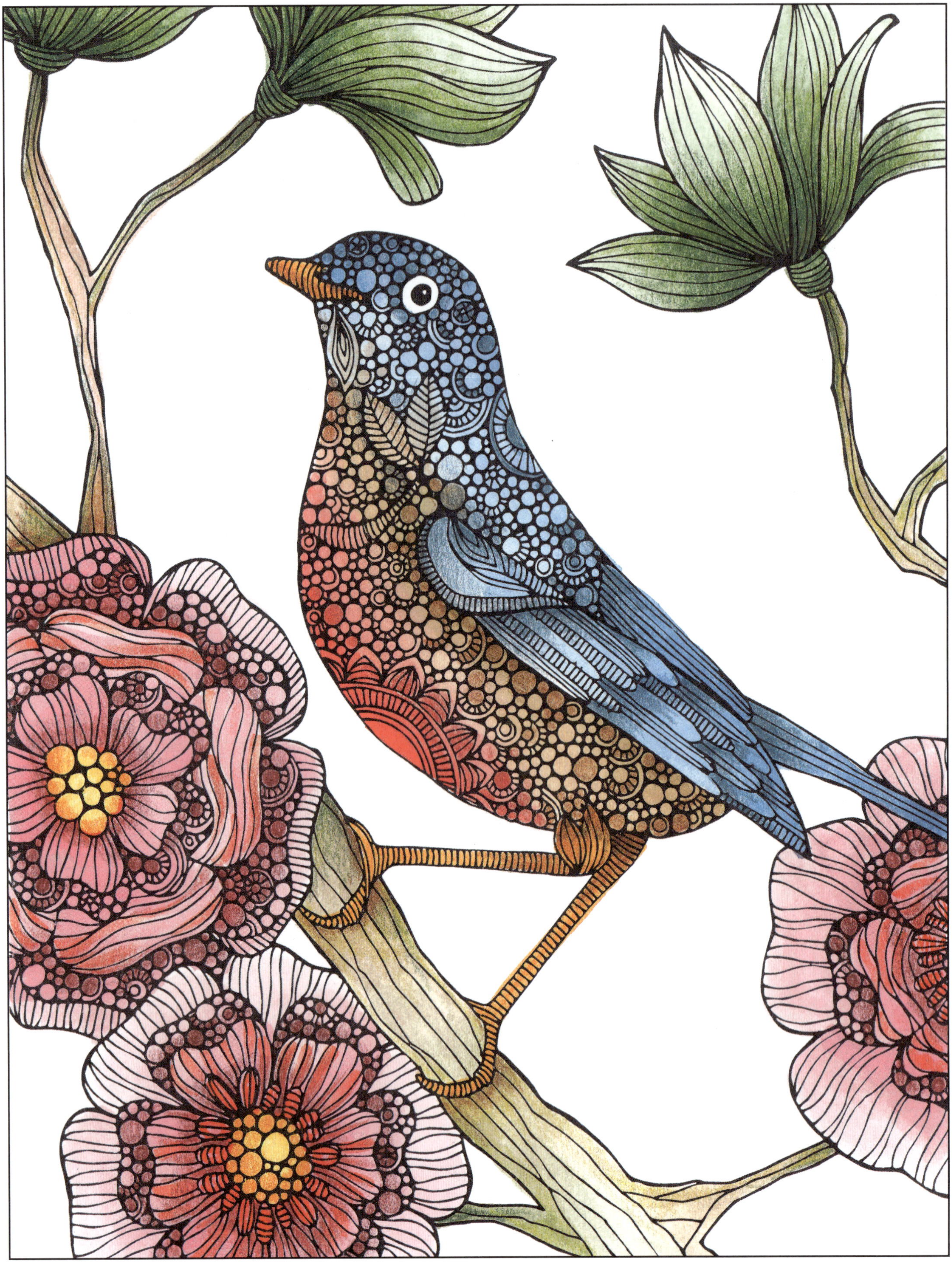

Pinsel-Filzstifte (Tombow), Irojiten-Buntstifte (Tombow) | Lebhafte Töne |
Farbgestaltung: Marie Browning

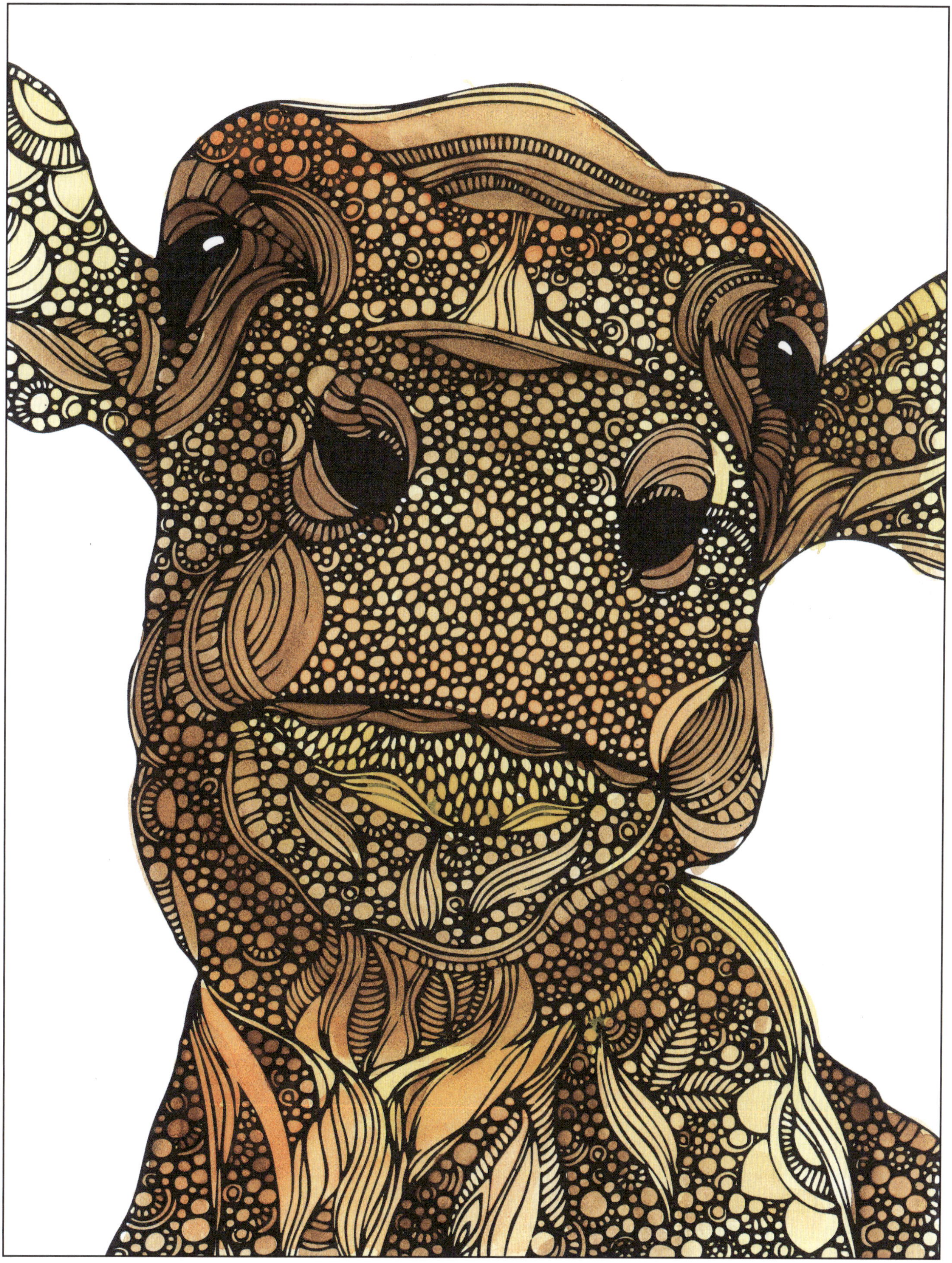

Pinsel-Filzstifte (Tombow) | Sepia-Töne |
Farbgestaltung: Marie Browning

Die farbigen Vorlagen im Überblick

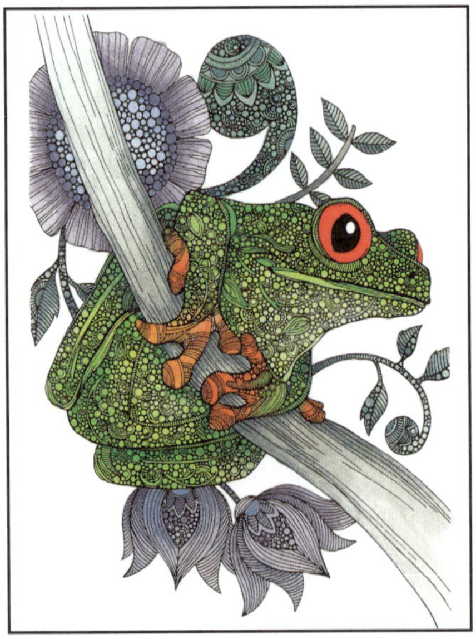

Farbgestaltung: Marie Browning.

Aquarellfarben (Winsor & Newton), Irojiten-Buntstifte (Tombow) | Intensive, bunte Farben

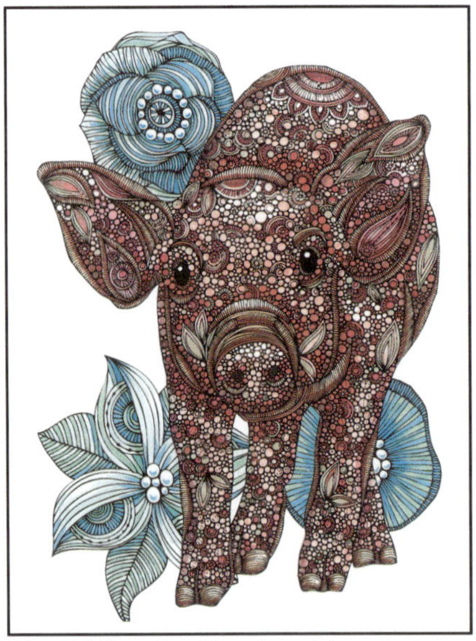

Farbgestaltung: Marie Browning.

Pinsel-Filzstifte (Tombow) | Frische Töne

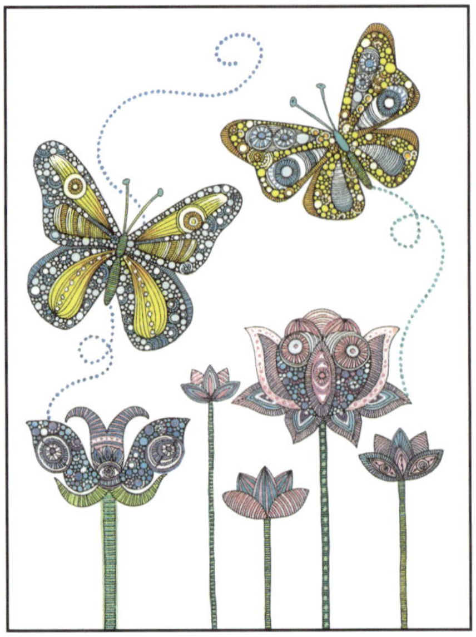

Farbgestaltung: Marie Browning.

Pinsel-Filzstifte (Tombow), Gelstifte (Sakura) | Leuchtende Töne

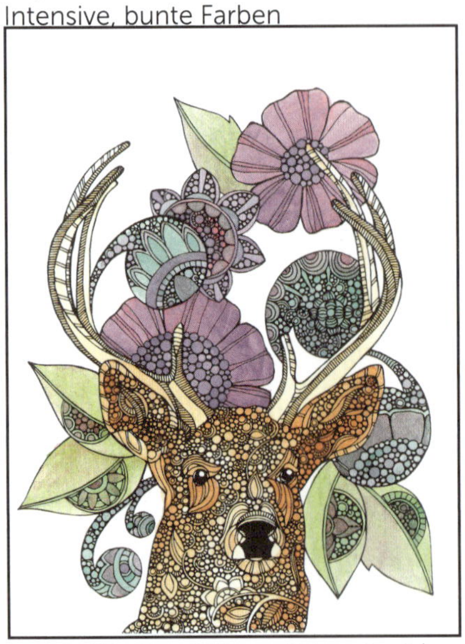

Farbgestaltung: Marie Browning.

Aquarellfarben (Winsor & Newton) | Satte Naturtöne

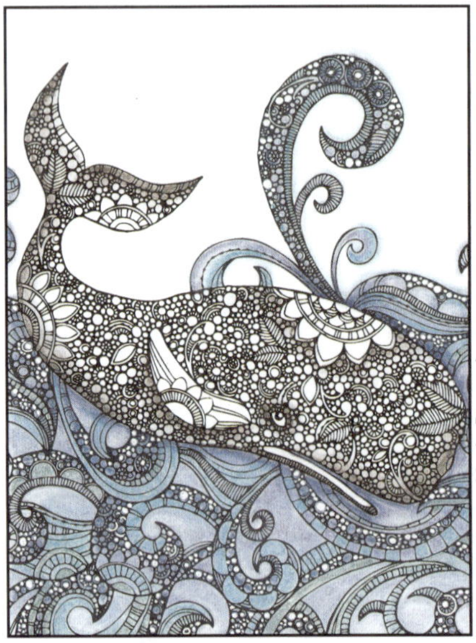

Farbgestaltung: Marie Browning.

PITT-Pastellstifte (Faber-Castel), weiße Gelstifte (Sakura) | Meeresfarbtöne

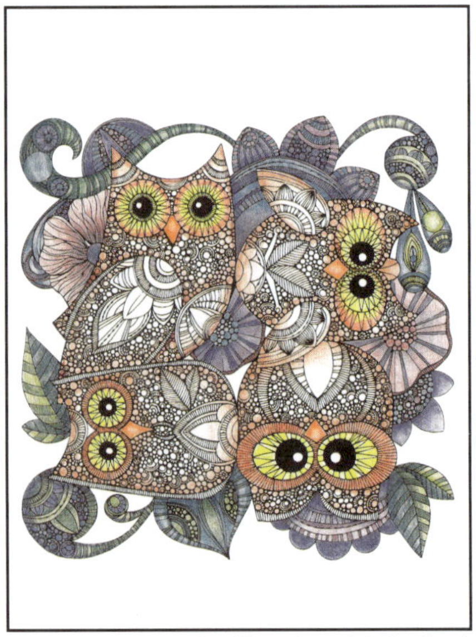

Farbgestaltung: Marie Browning.

Irojiten-Buntstifte (Tombow) | Gedeckte Töne, fluoreszierende Augen

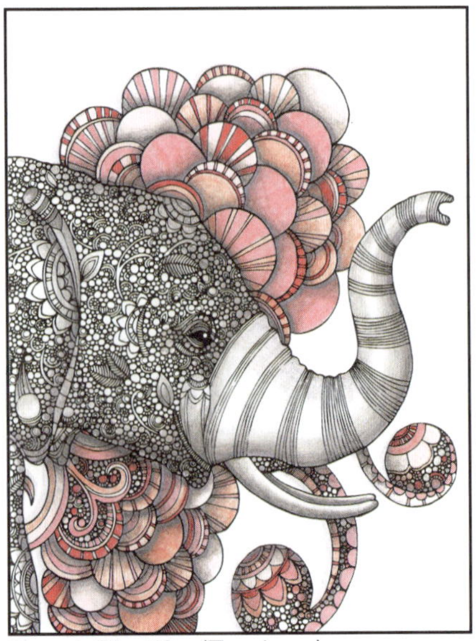

Farbgestaltung: Marie Browning.

Pinsel-Filzstifte (Tombow), Graphitstifte (Tombow) | Designer-Farbtöne

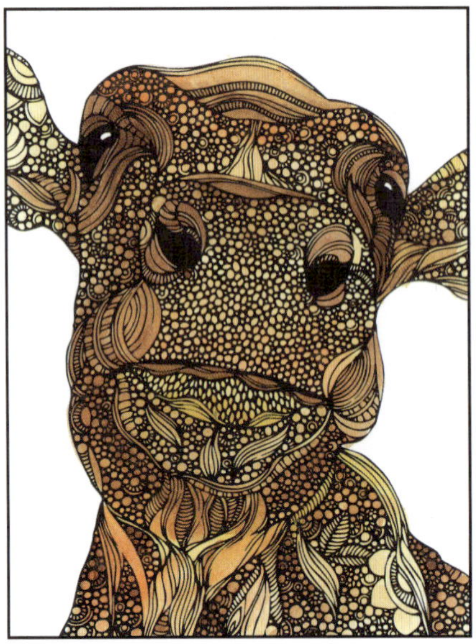

Farbgestaltung: Marie Browning.

Pinsel-Filzstifte (Tombow) | Sepia-Töne

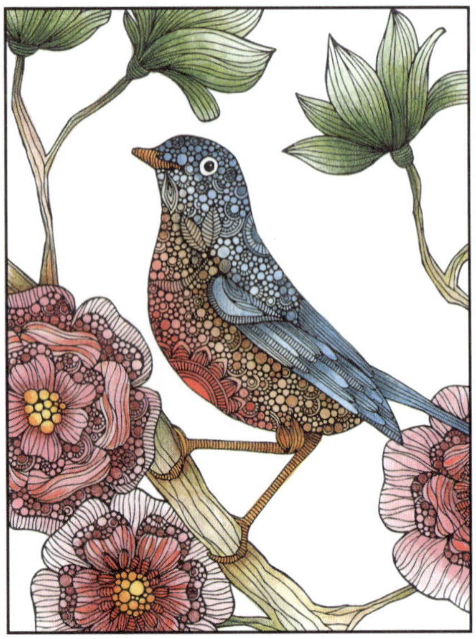

Farbgestaltung: Marie Browning.

Pinsel-Filzstifte (Tombow), Irojiten-Buntstifte (Tombow) | Lebhafte Töne

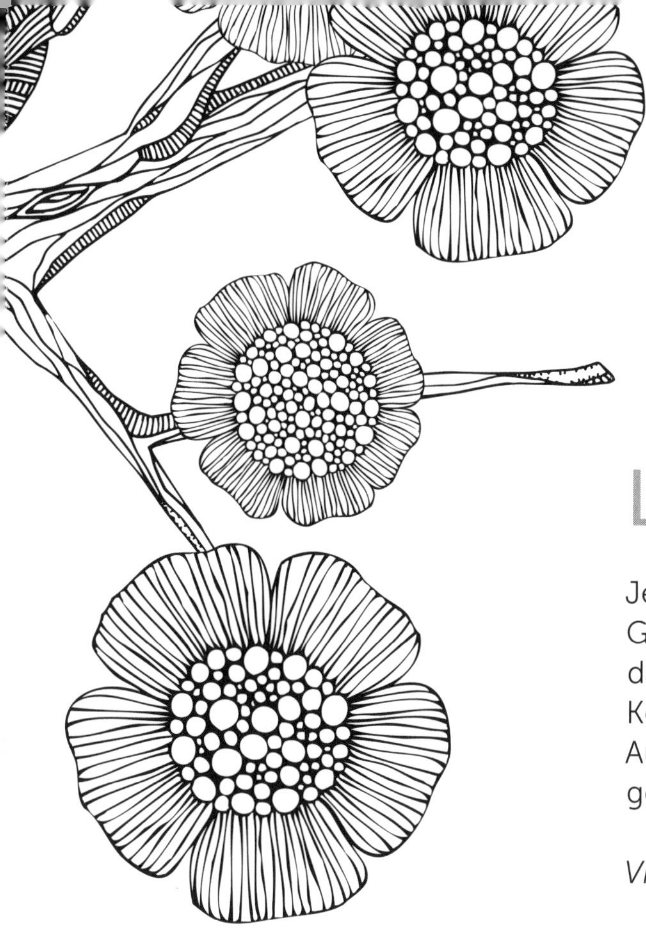

Los geht's

Jetzt wird es Zeit, selbst kreativ zu werden. Genießen Sie dabei den »Flow«, das Gefühl, dass alles wie von selbst fließt und sich Geist, Körper und Seele im Einklang befinden. Aufhören müssen Sie erst, wenn alle Seiten gefüllt sind.

Viel Spaß dabei!

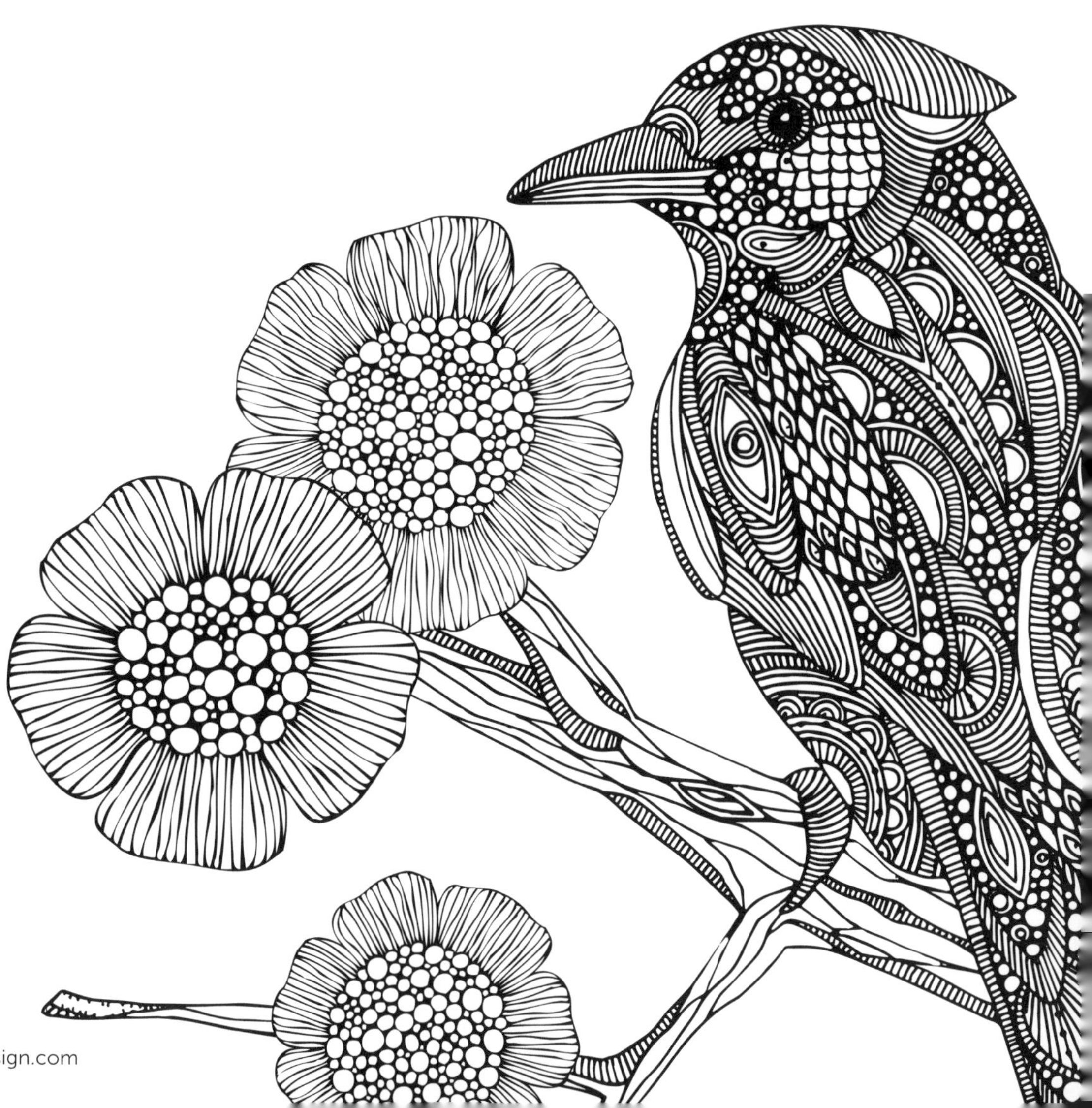

Kenntnis bedeutet,
zu wissen, was man sagt.
Weisheit bedeutet,
zu wissen, wann man es sagt.

Unbekannt

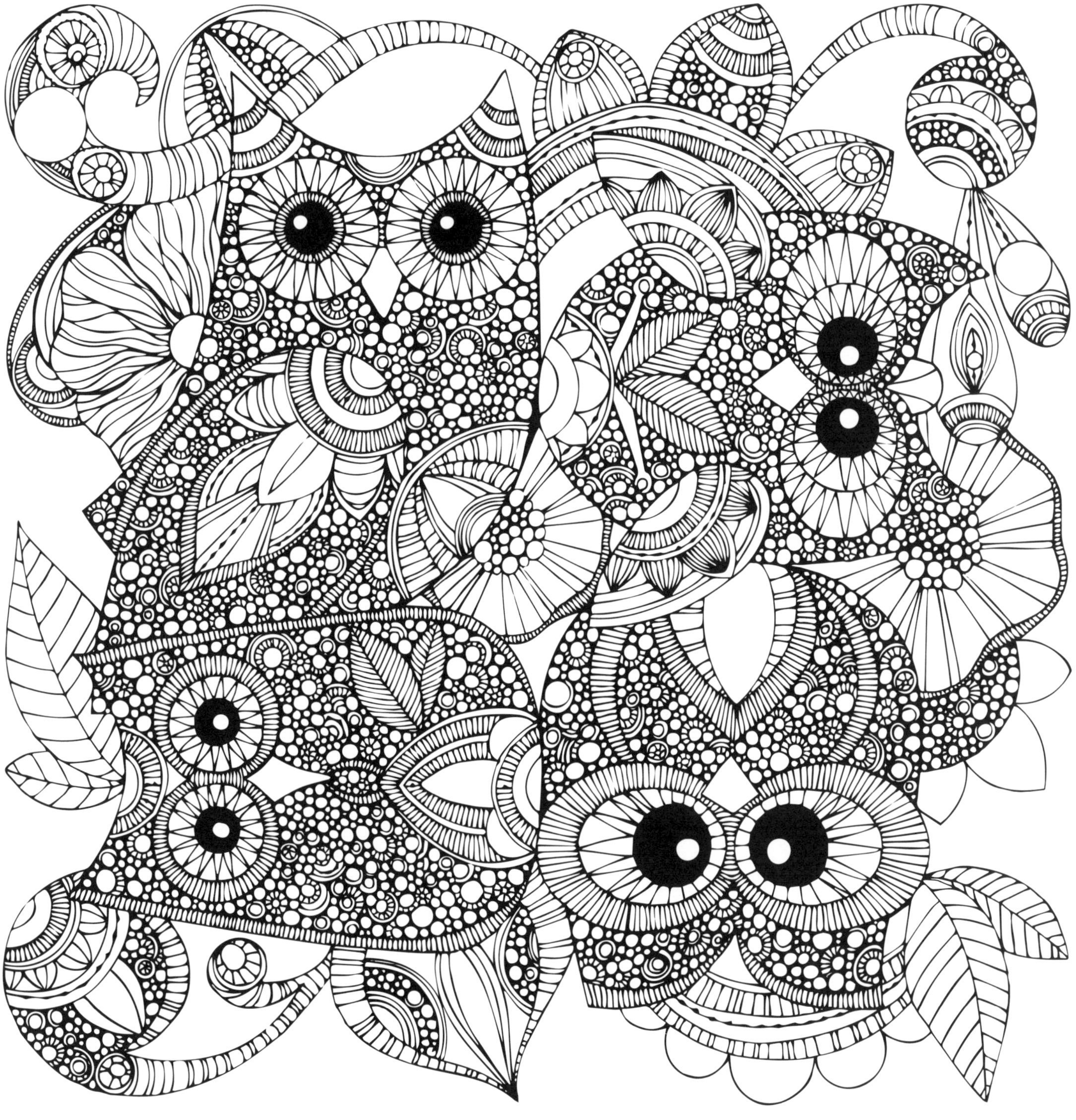

Warum willst du in der Masse aufgehen,
wenn du hervorstechen kannst?

Mia Hamm

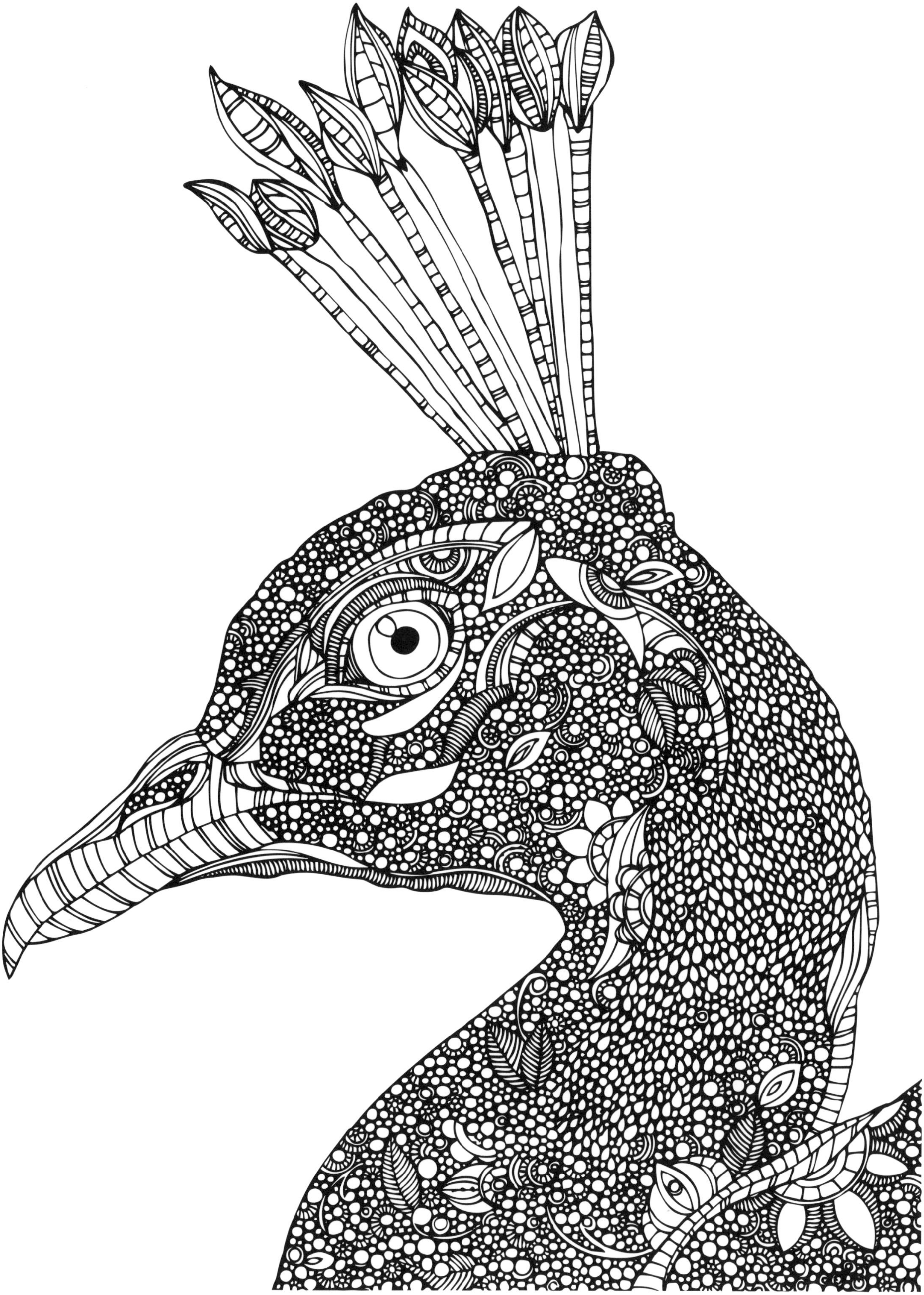

Wenn du noch nie ein Tier geliebt hast,
wurde ein Teil deiner Seele nicht geweckt.

Anatole France

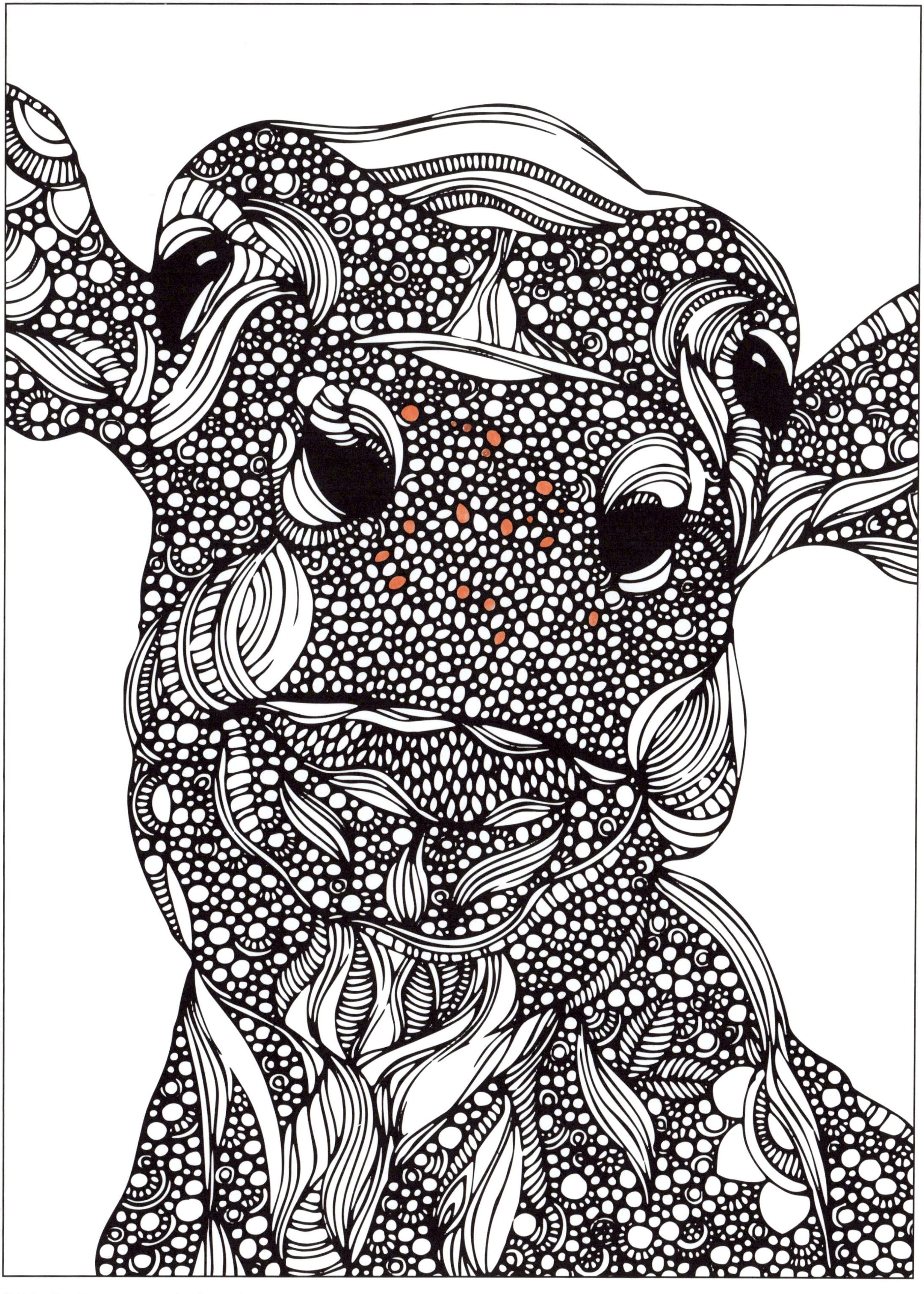

Wäre ich nur eine halb so großartige
Persönlichkeit wie mein Hund,
wäre ich doppelt so menschlich,
wie ich es bin.

Charles Yu

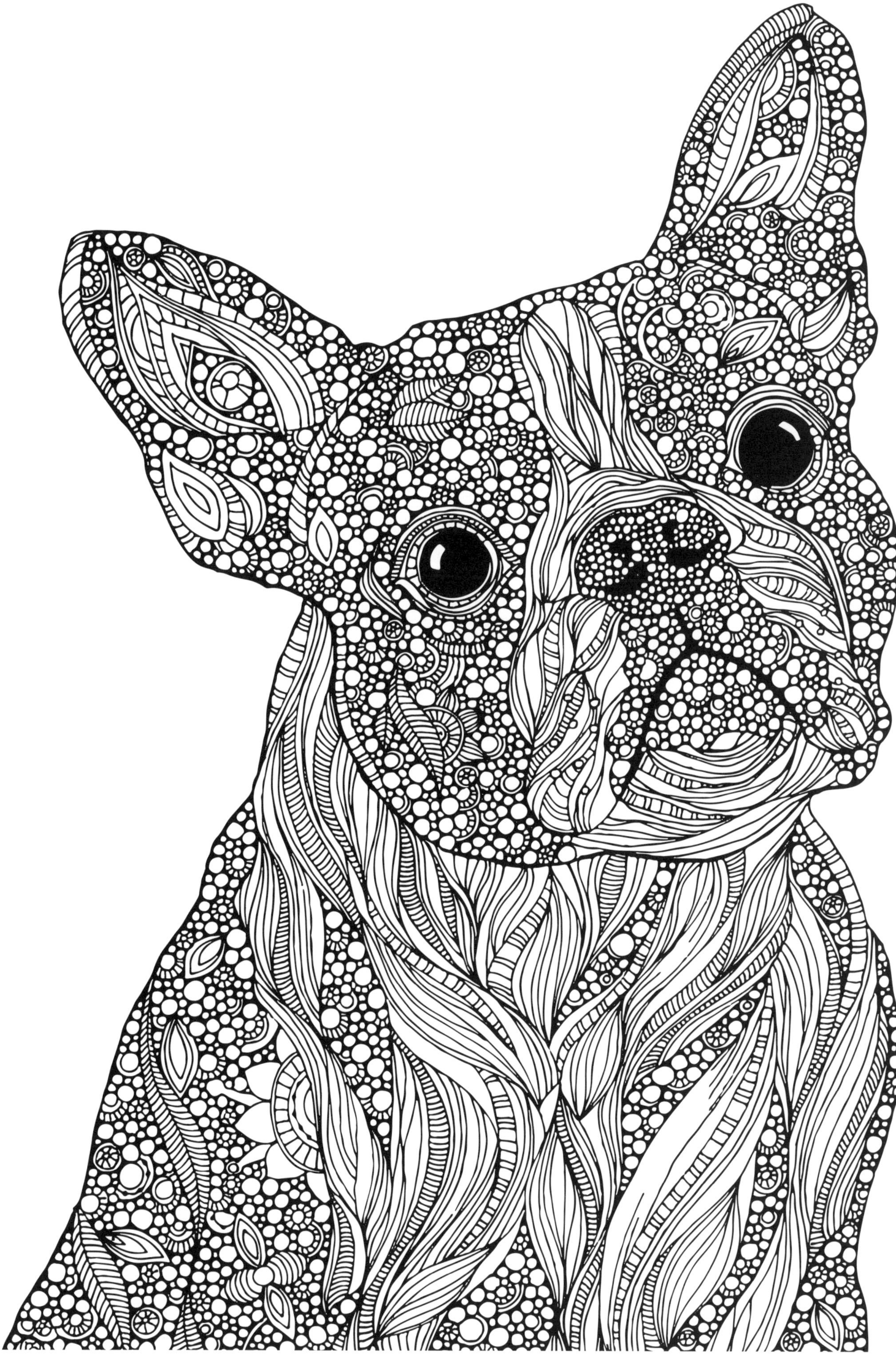

Rieche das Meer und fühle den Himmel,
lass deine Seele und deinen Geist
ins Mystische fliegen.

Van Morrison

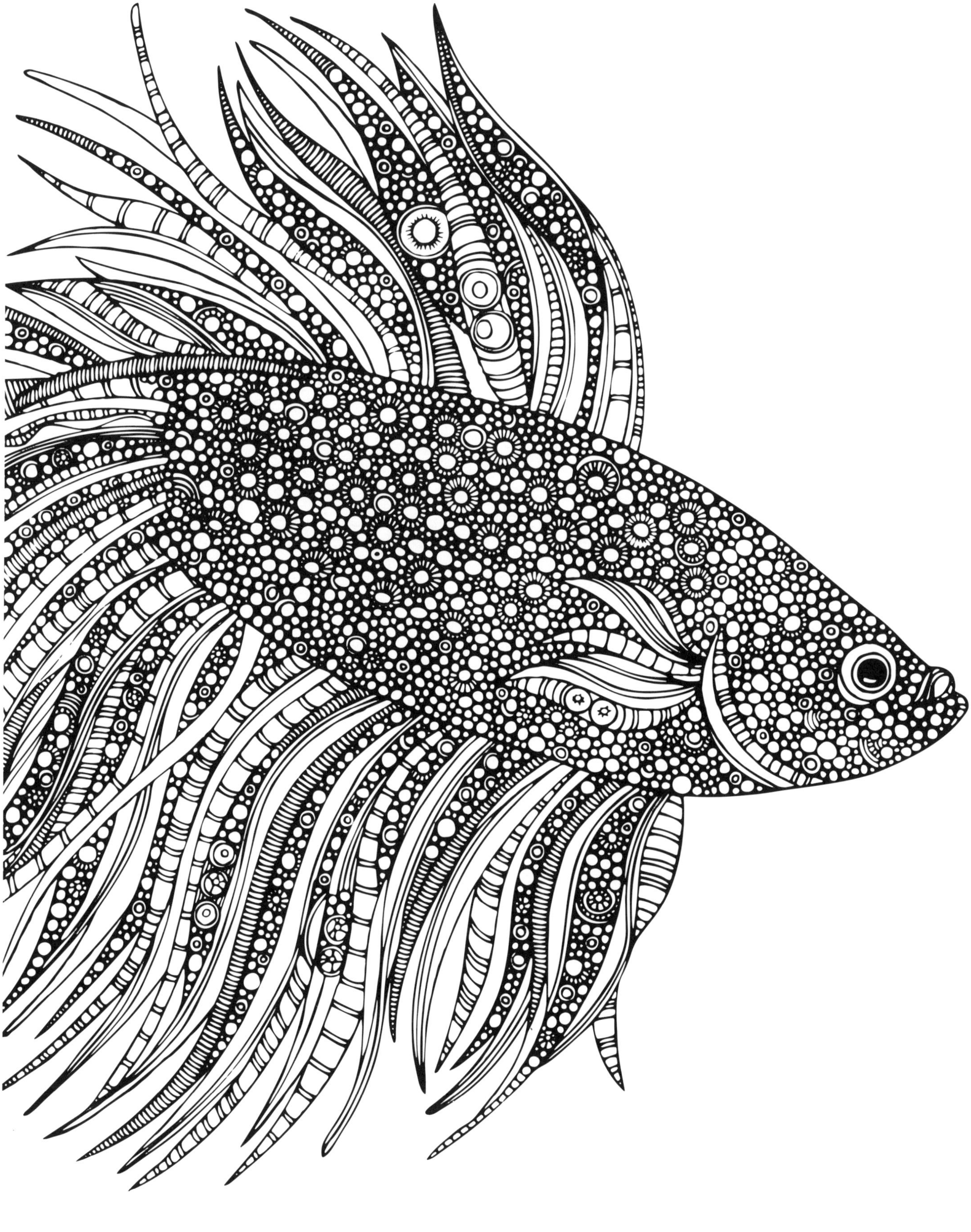

Vertraue dir selbst,
du weißt mehr, als du ahnst.

Benjamin Spock

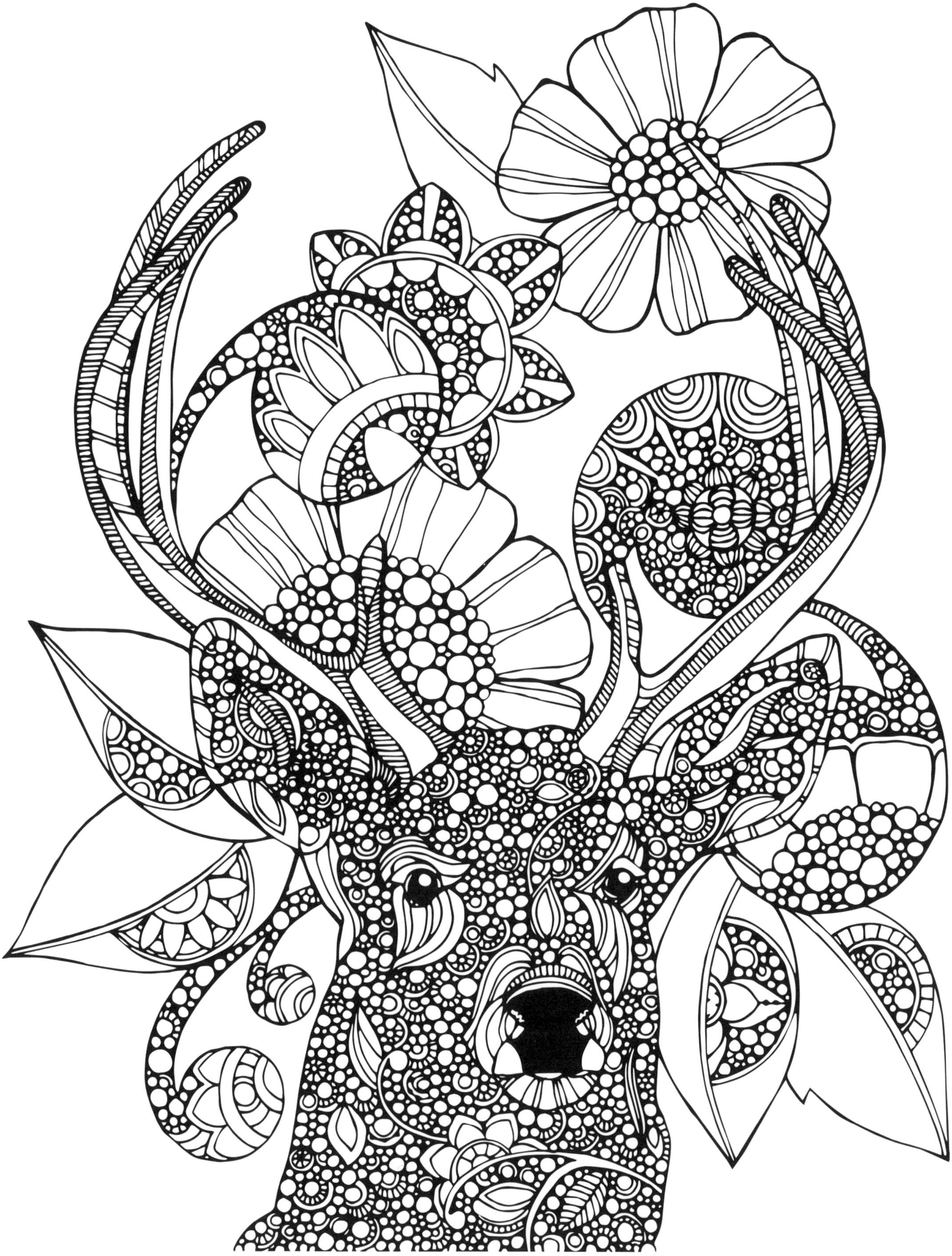

Du wirst niemals einen Ozean überqueren,
solange du nicht den Mut hast,
das Ufer aus den Augen zu lassen.

Unbekannt

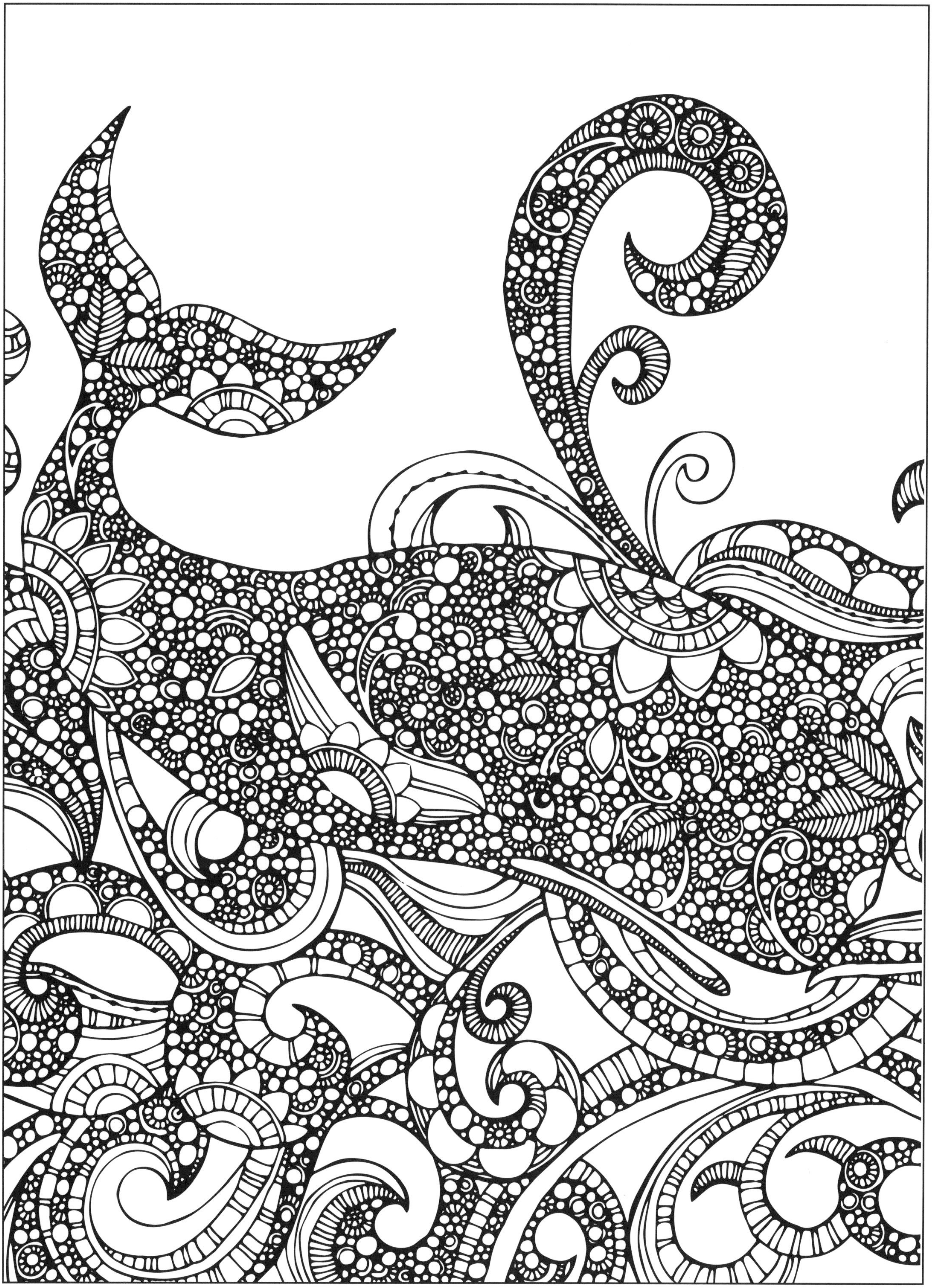

Sei dankbar für diesen Moment.
Jeder Augenblick zählt.

Omar Khayyam

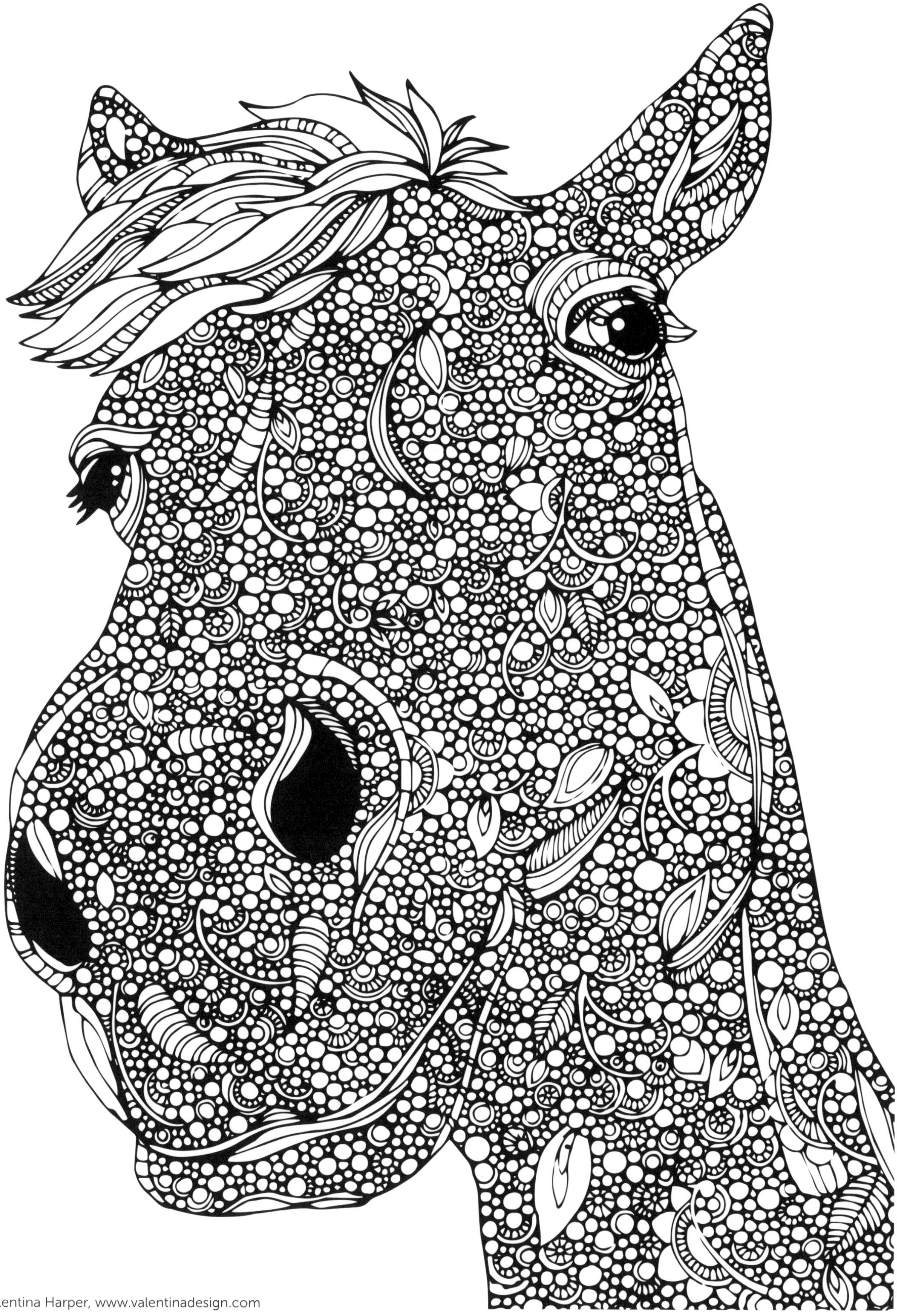

Da es für die Gesundheit sehr förderlich ist,
habe ich beschlossen, glücklich zu sein.

Voltaire

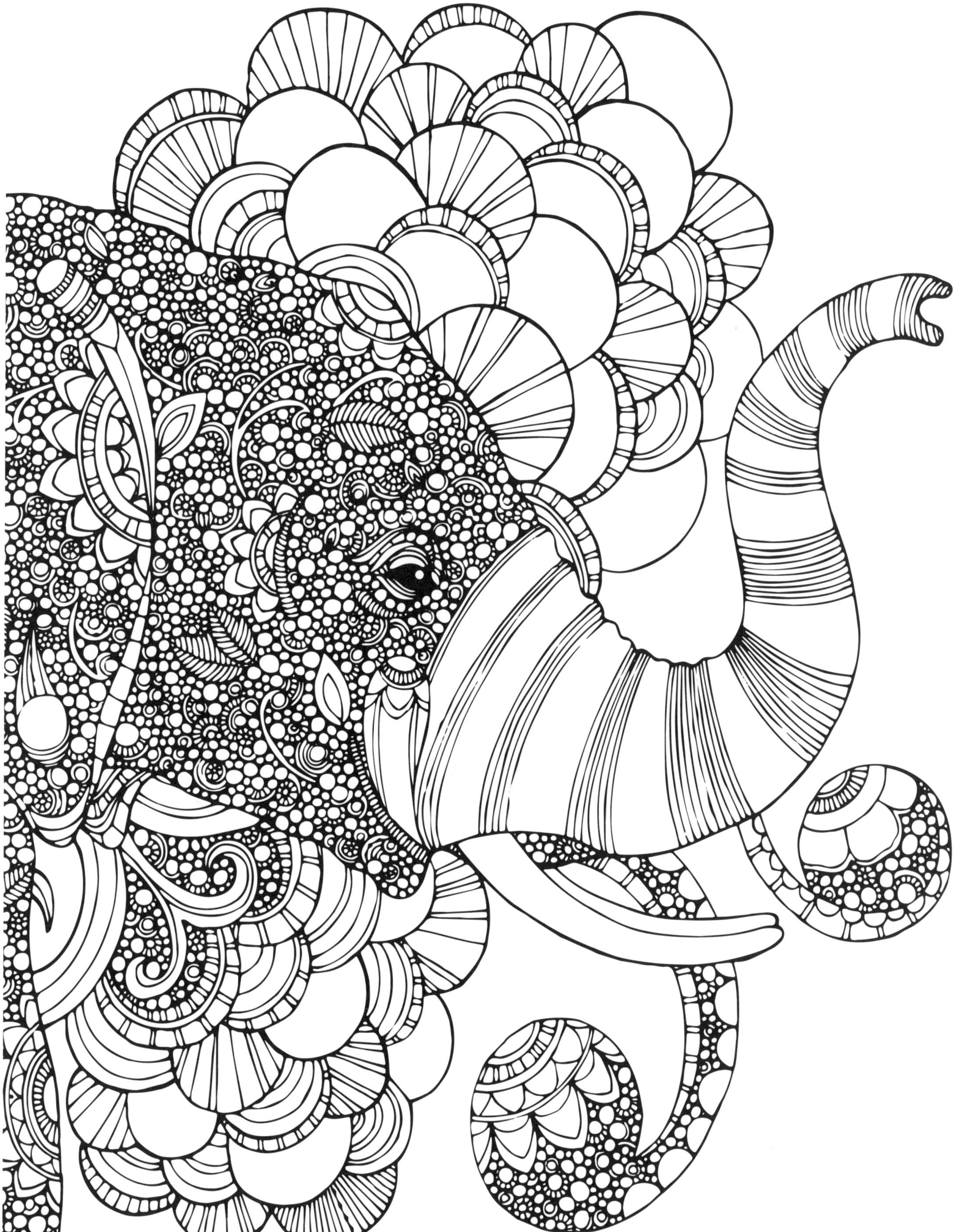

Die Welt braucht Träumer und sie braucht Macher. Aber vor allen Dingen braucht die Welt Menschen, die ihre Träume verwirklichen.

Sarah Ban Breathnach

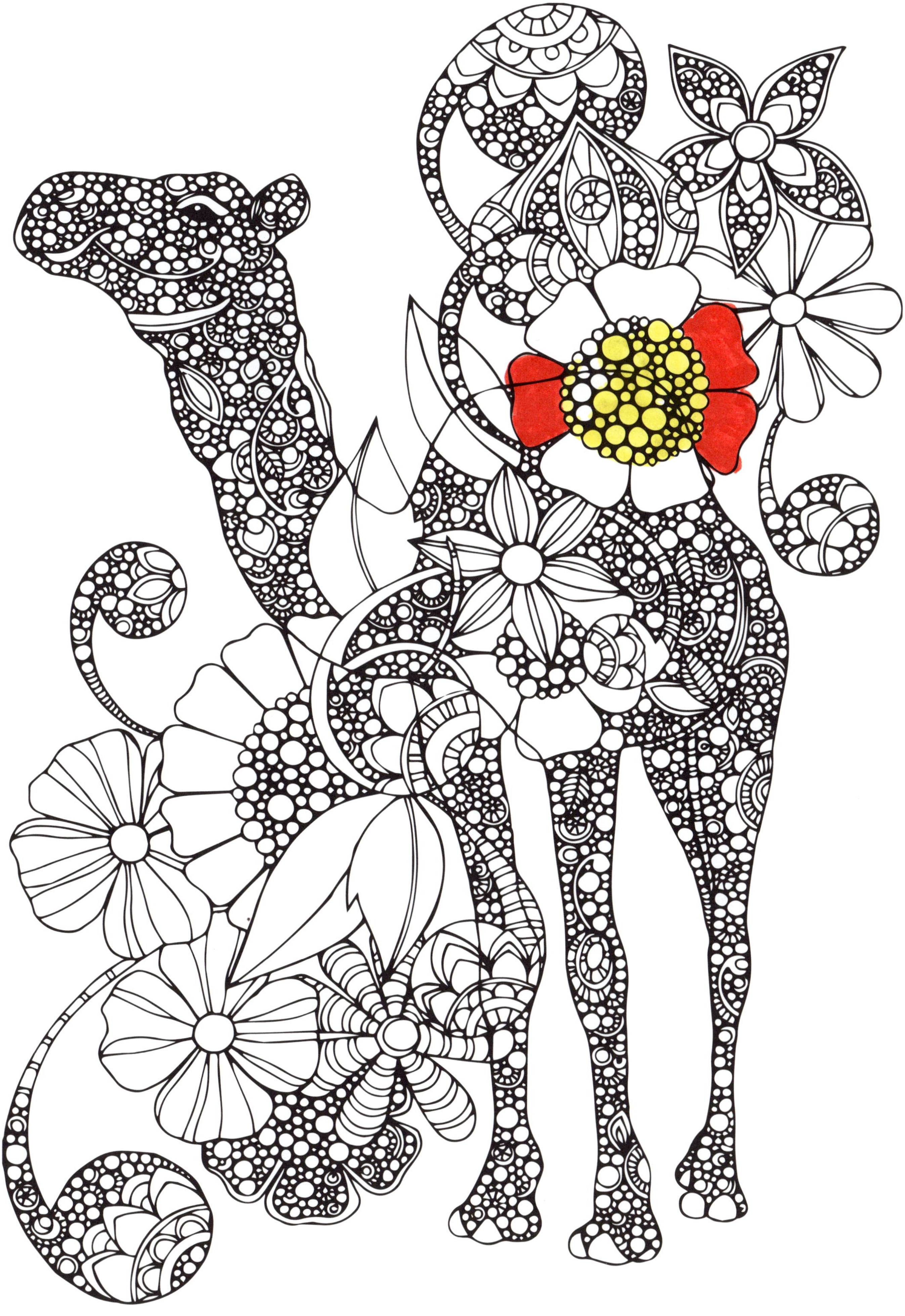

Wähle einen Beruf, den du liebst,
und du brauchst keinen Tag
in deinem Leben mehr zu arbeiten.

Konfuzius

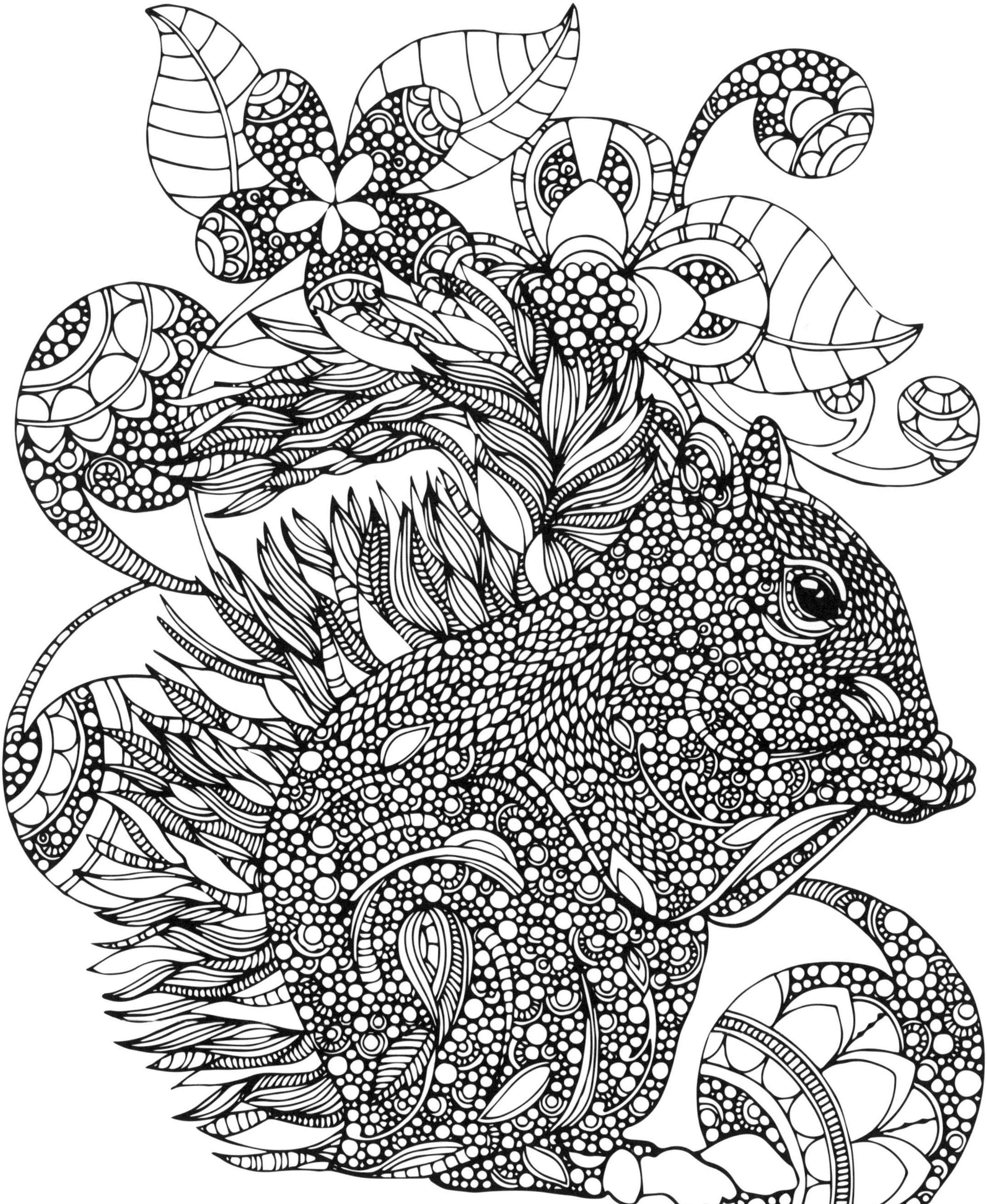

Sei stolz auf das, was du bist,
nicht auf das, was du hast.

Unbekannt

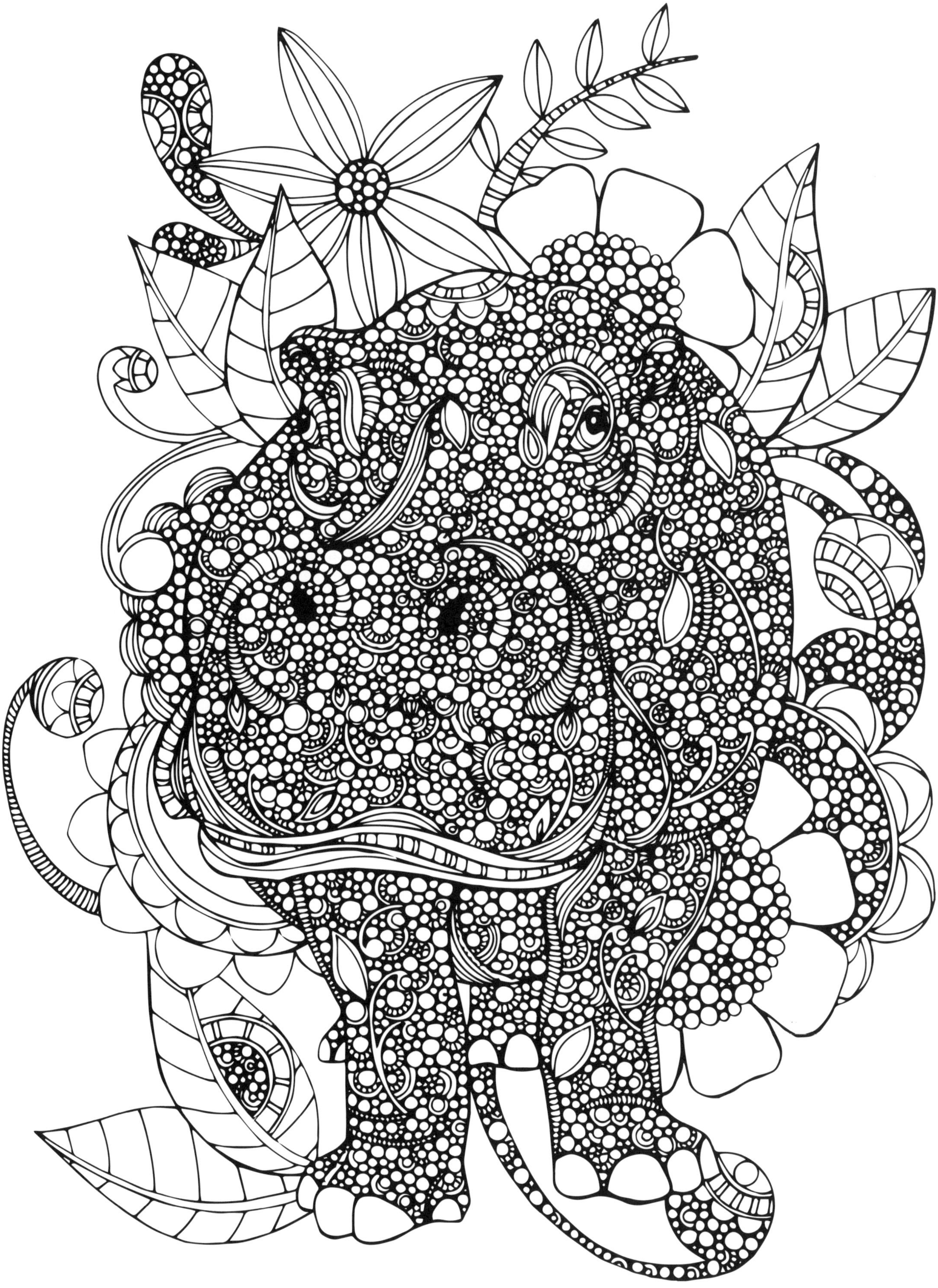

Flieg in deinen Träumen über den Himmel hinaus und tauche unter dem Meer hindurch.

Unbekannt

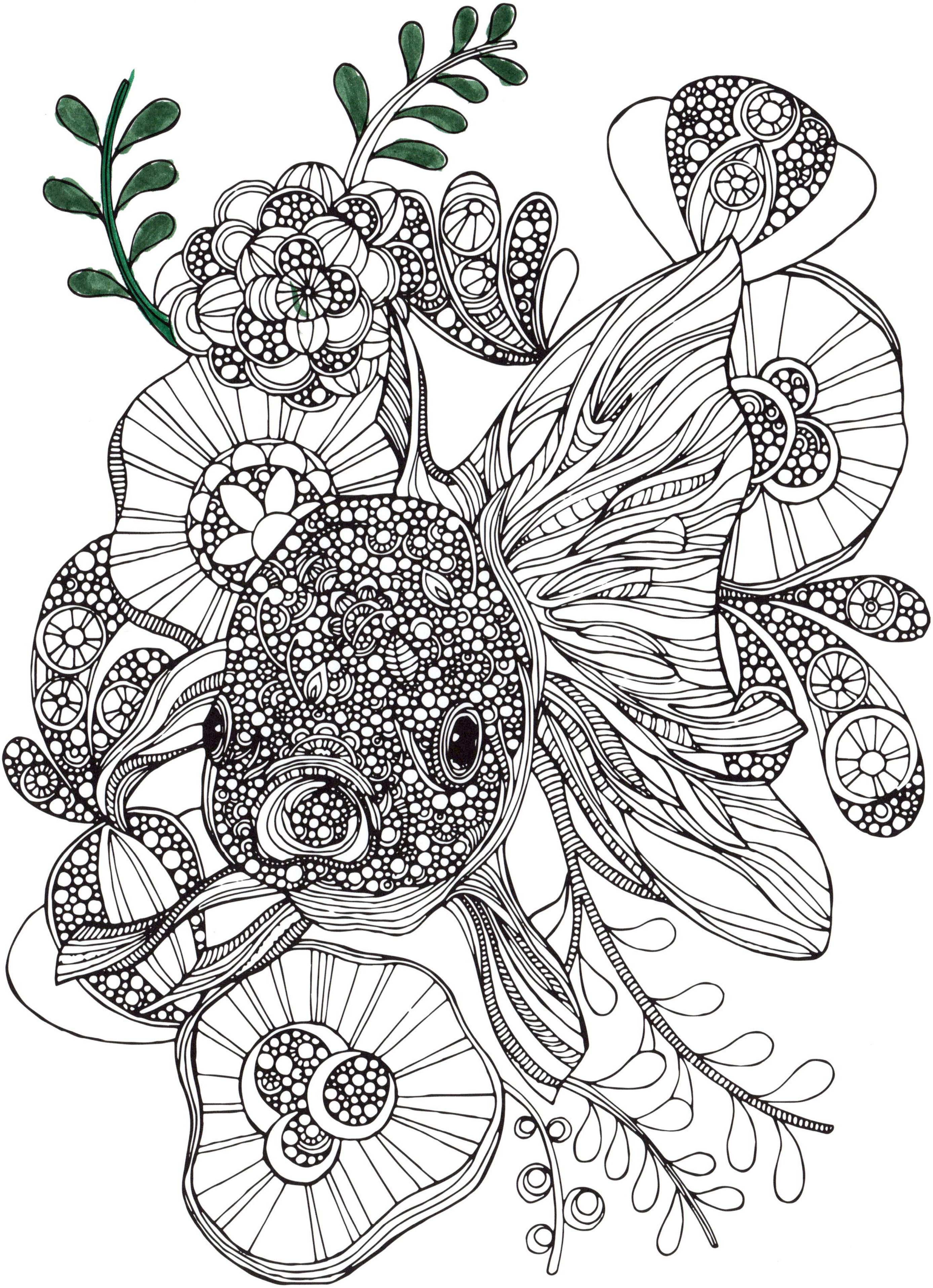

Liebe tröstet wie Sonnenschein nach Regen.

William Shakespeare

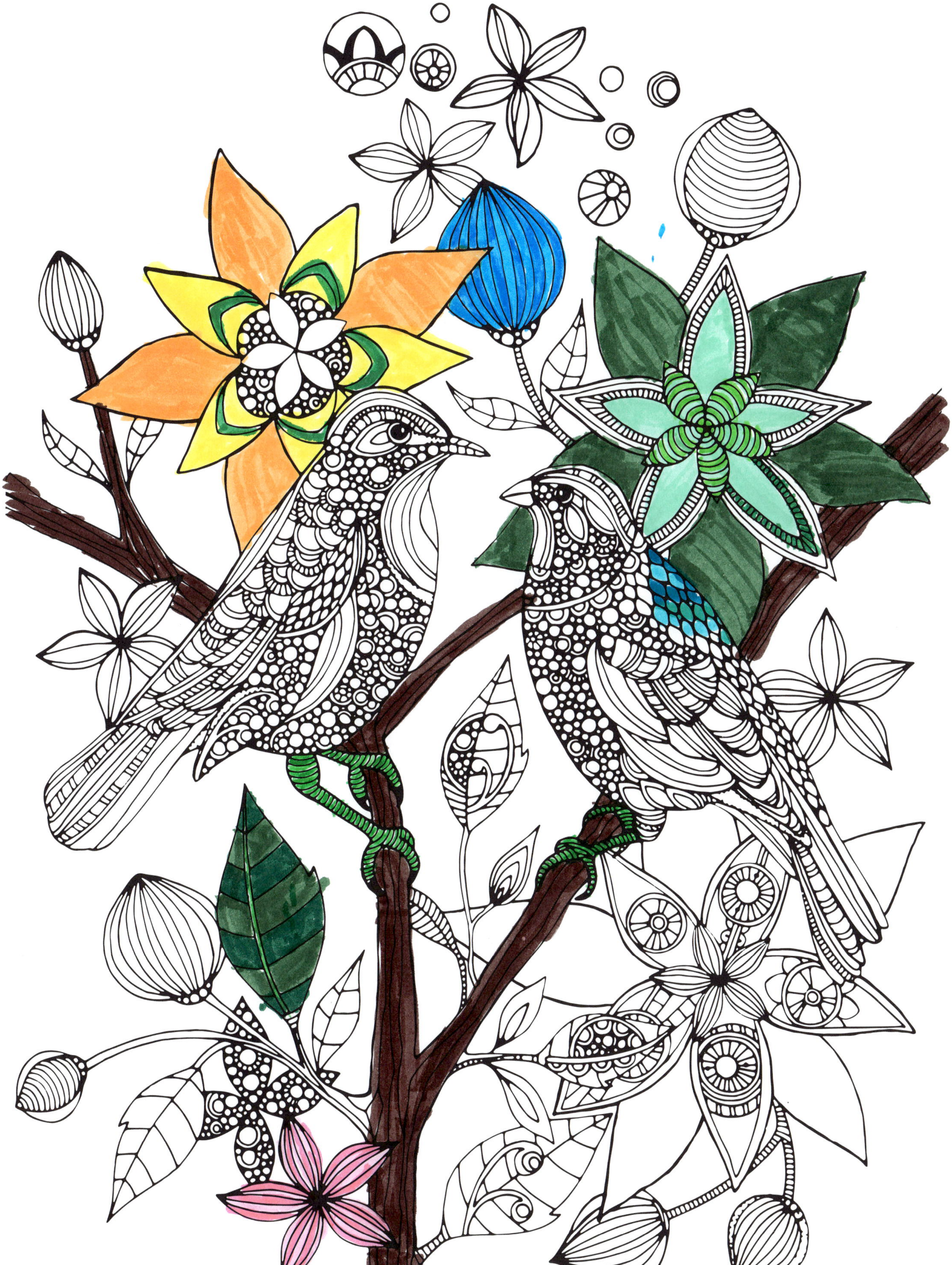

Unsere Stärke erwächst aus unseren Schwächen.

Sigmund Freud

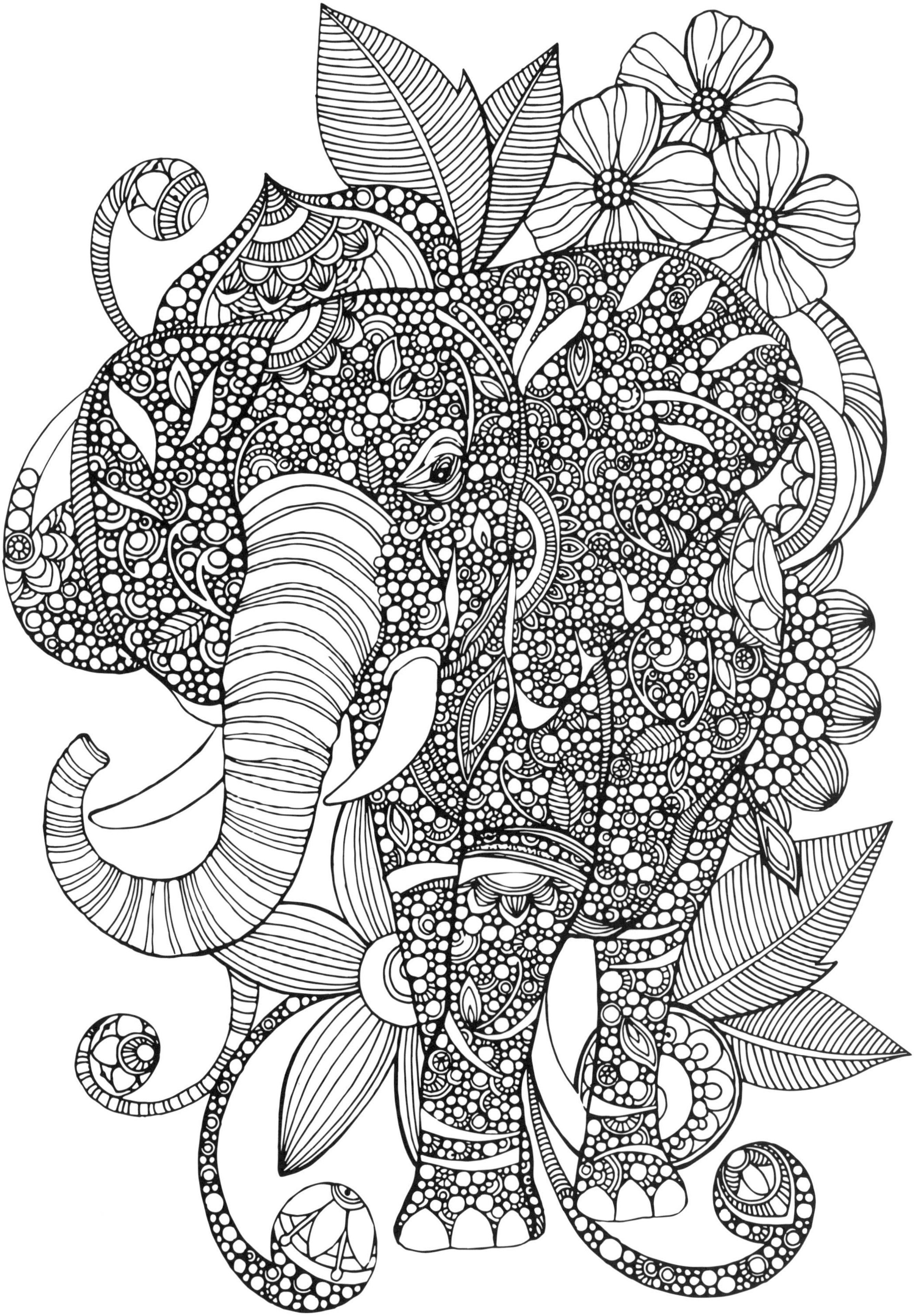

Wir hören nicht auf zu spielen,
weil wir dafür zu alt geworden sind,
sondern wir sind alt geworden,
weil wir aufhörten zu spielen.

Unbekannt

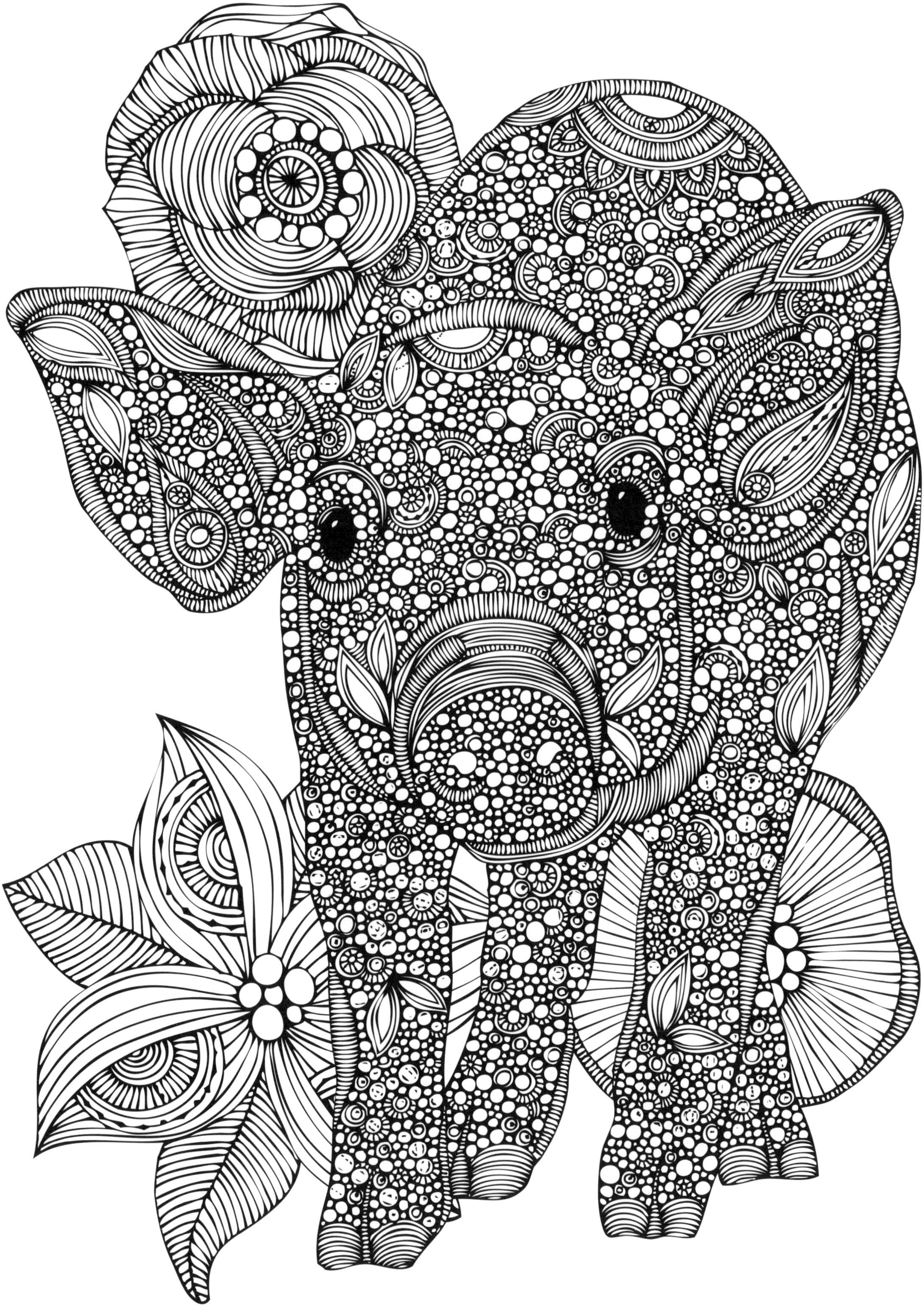

Nicht alle, die umherwandern,
haben sich verlaufen.

J.R.R. Tolkien

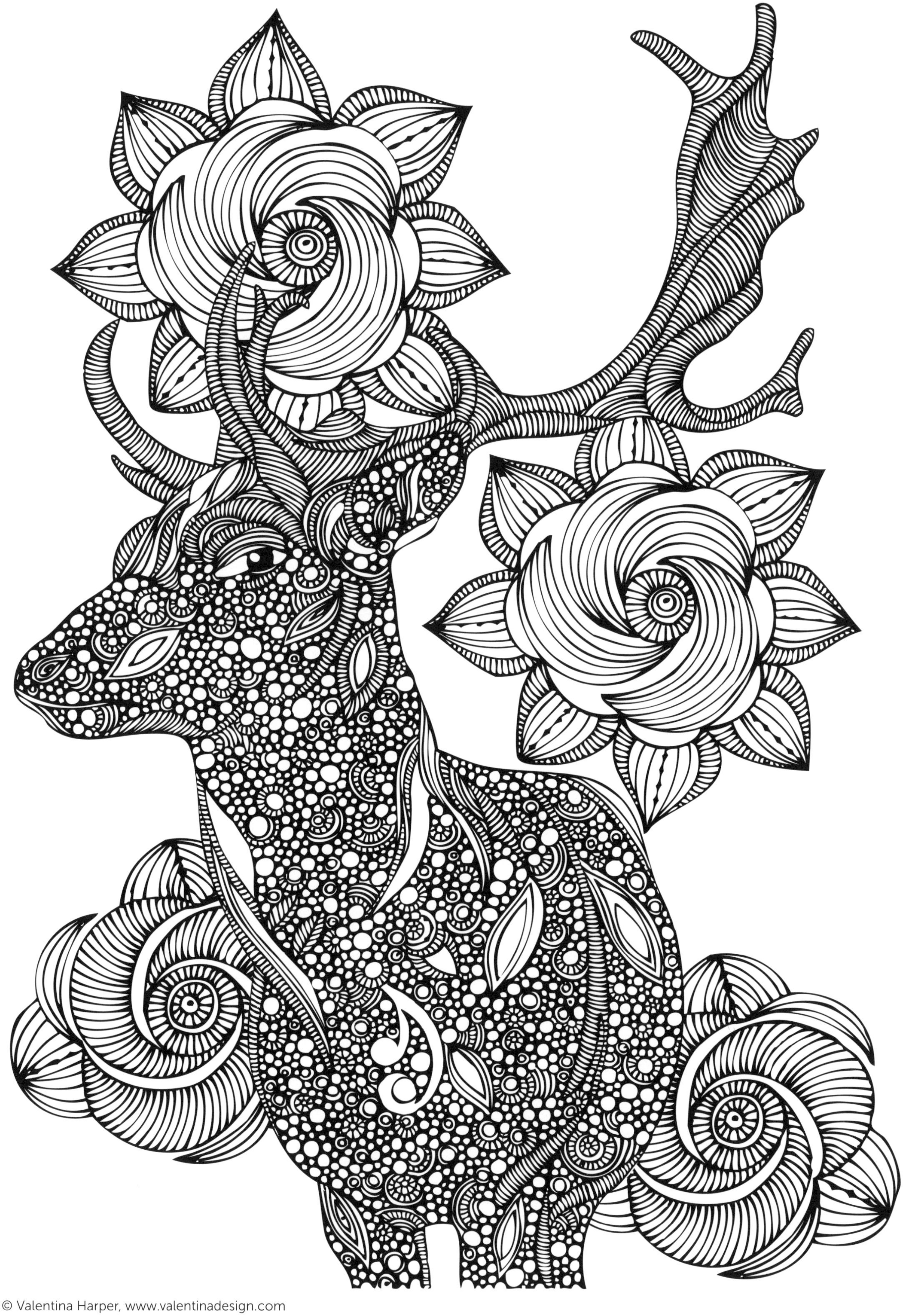

Zwei Dinge sollen Kinder
von ihren Eltern bekommen:
Wurzeln und Flügel.

Johann Wolfgang von Goethe

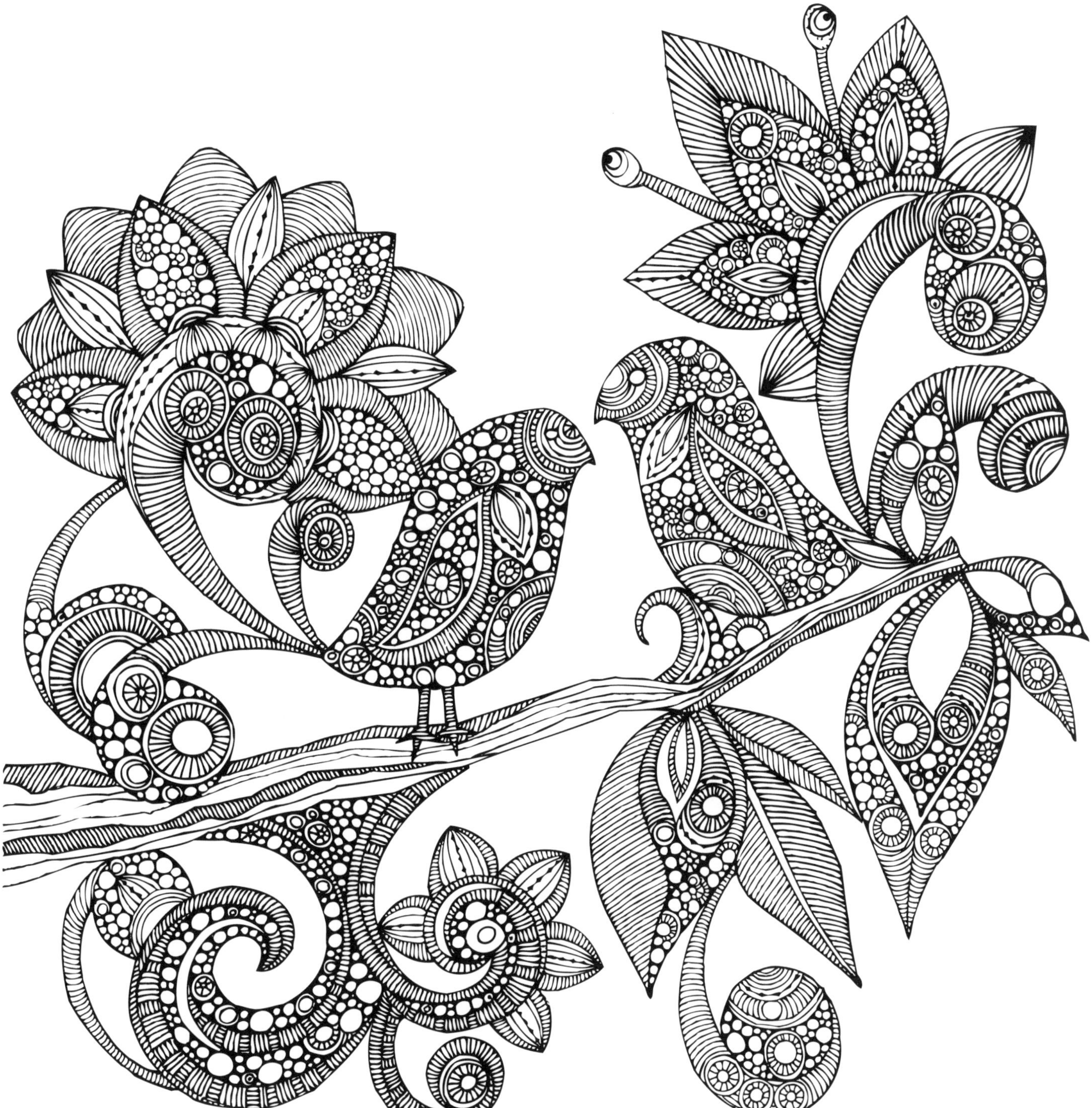

Erfolg ist die Summe aller Bemühungen,
die Tag für Tag wiederholt werden.

Robert Collier

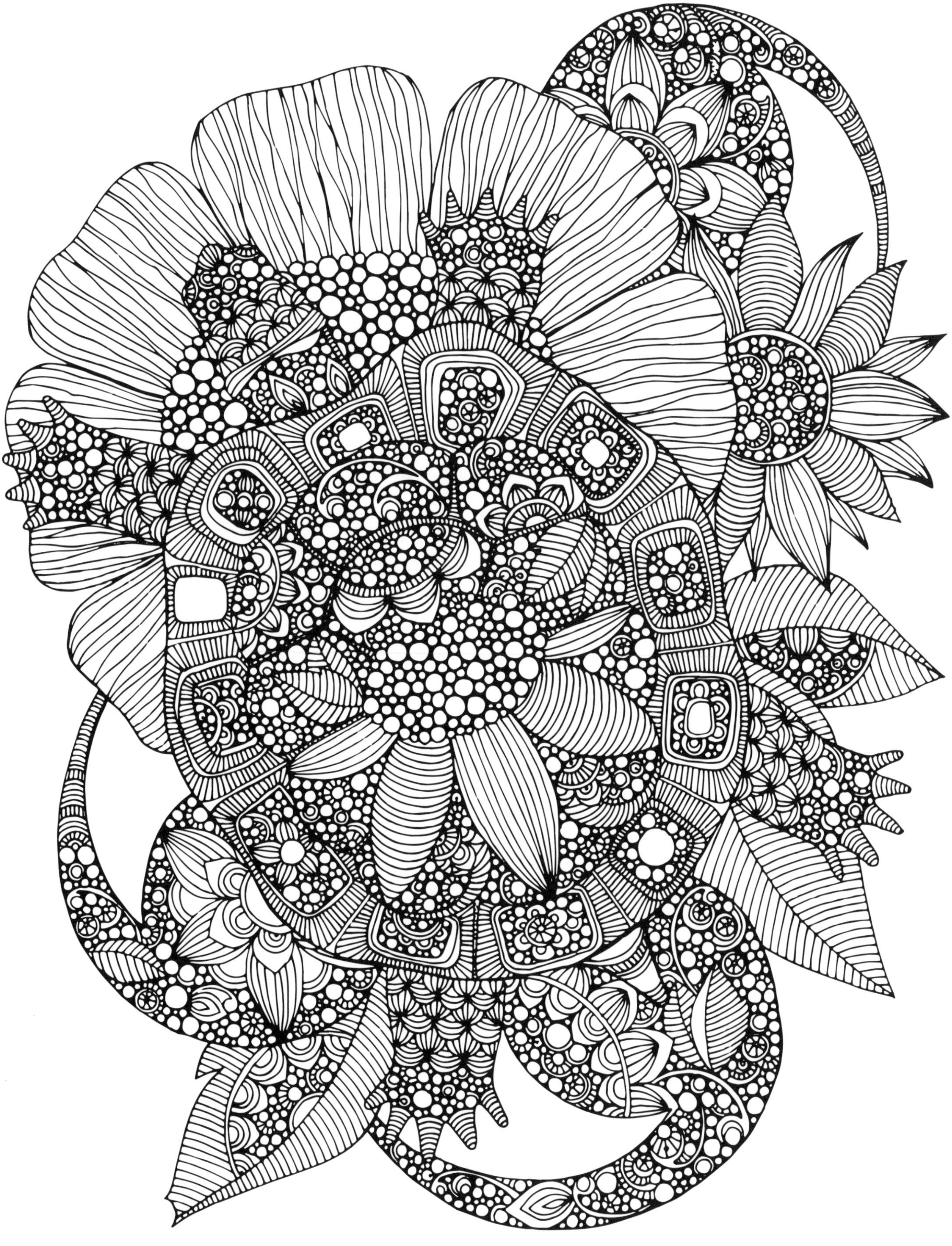

Ich kann mich verändern
durch das, was mir widerfährt.
Aber ich möchte nicht darauf
reduziert werden.

Maya Angelou

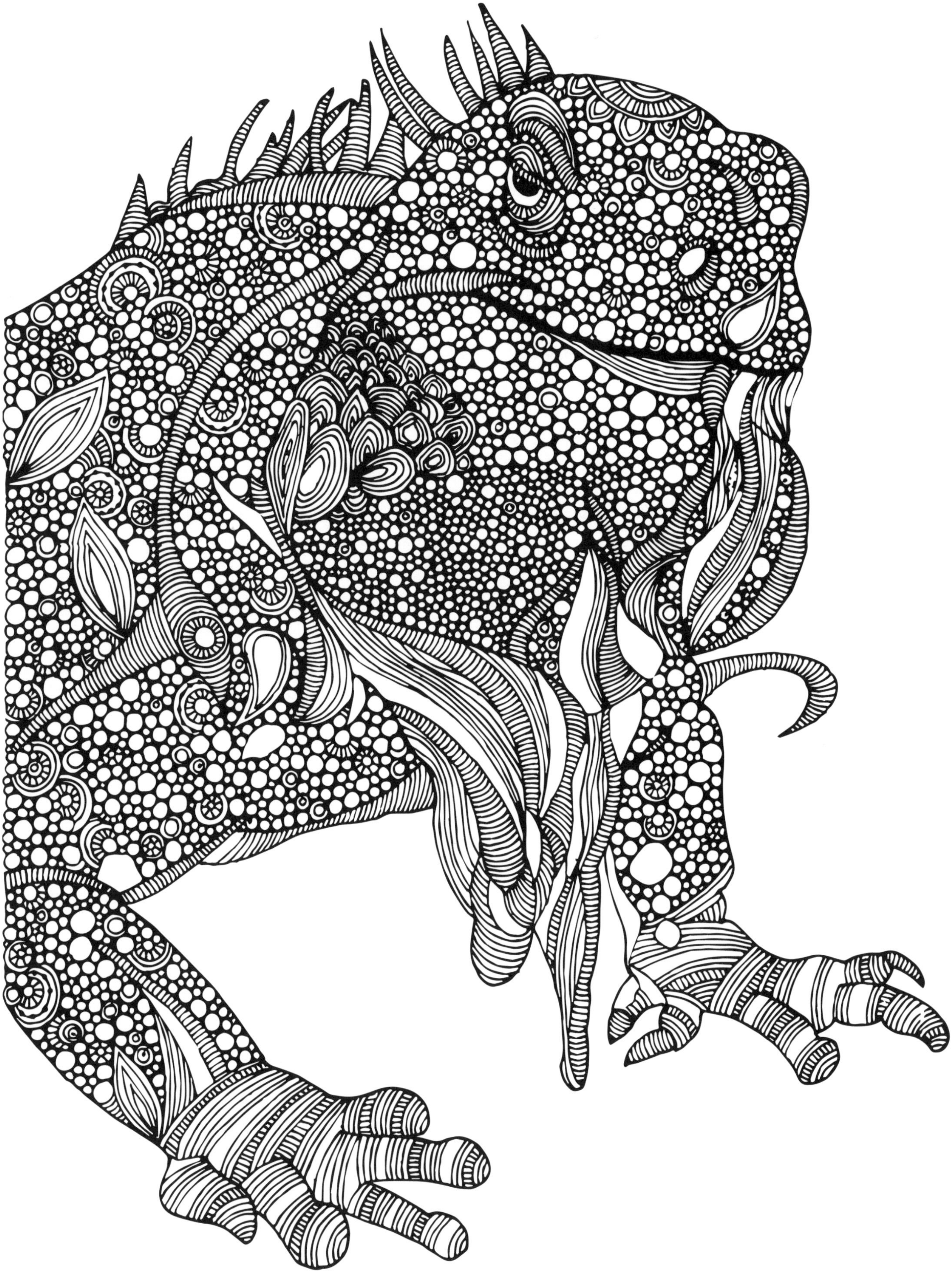

Es erfordert Mut, zu werden,
wer man wirklich ist.

e.e. cummings

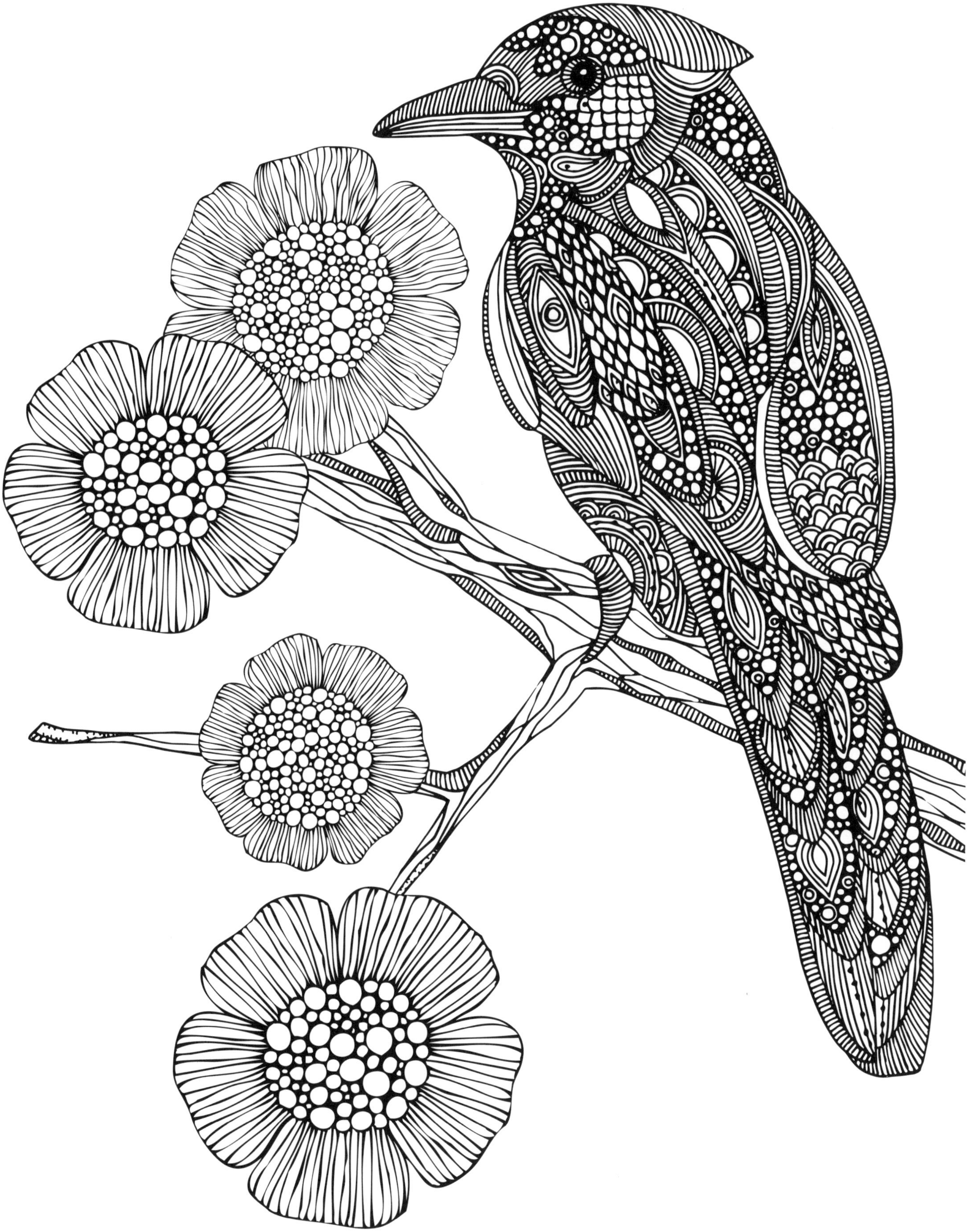

Wenn das Meer dir einmal
seinen Zauber offenbart hat,
hält es dich für immer in seinem Netz
aus Wundern gefangen.

Jacques Cousteau

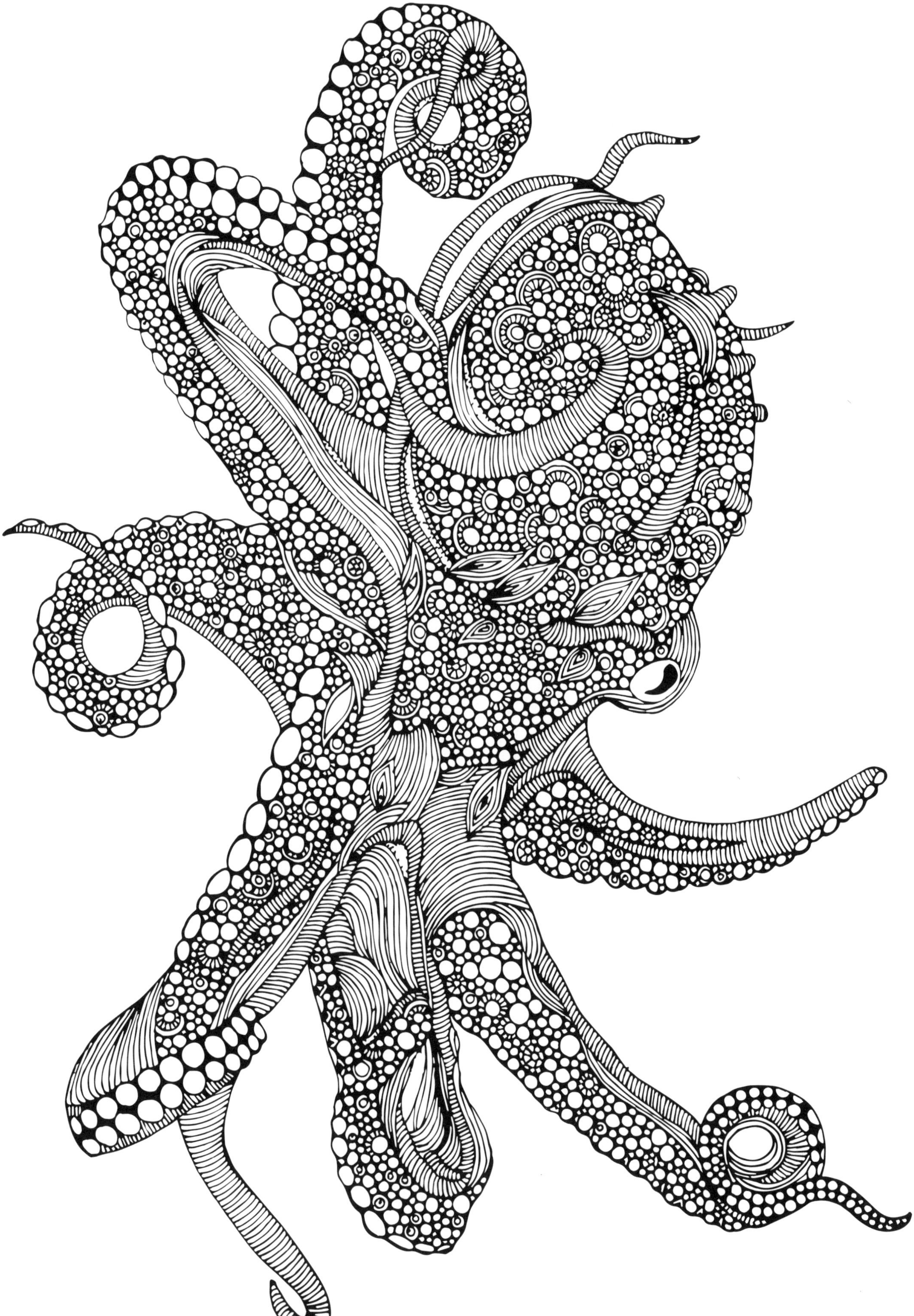

Wer die Schönheiten und Mysterien
dieser Welt sehen kann, wird niemals allein
oder lebensmüde sein.

Rachel Carson

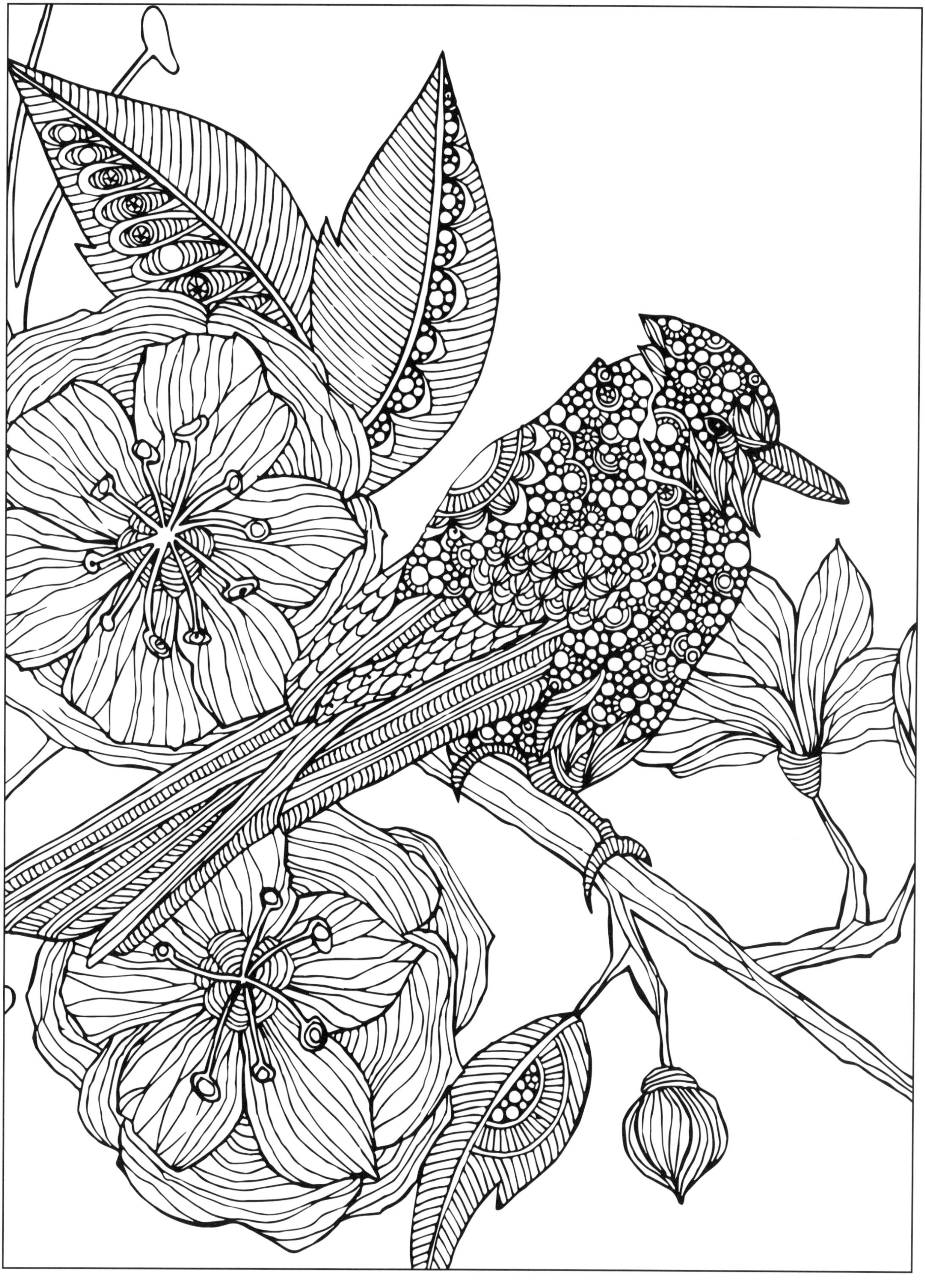

Hoffnung ist das gefiederte Ding,
das sich in der Seele niederlässt
und die Melodie ohne Worte singt
und niemals damit aufhört ...

Emily Dickinson

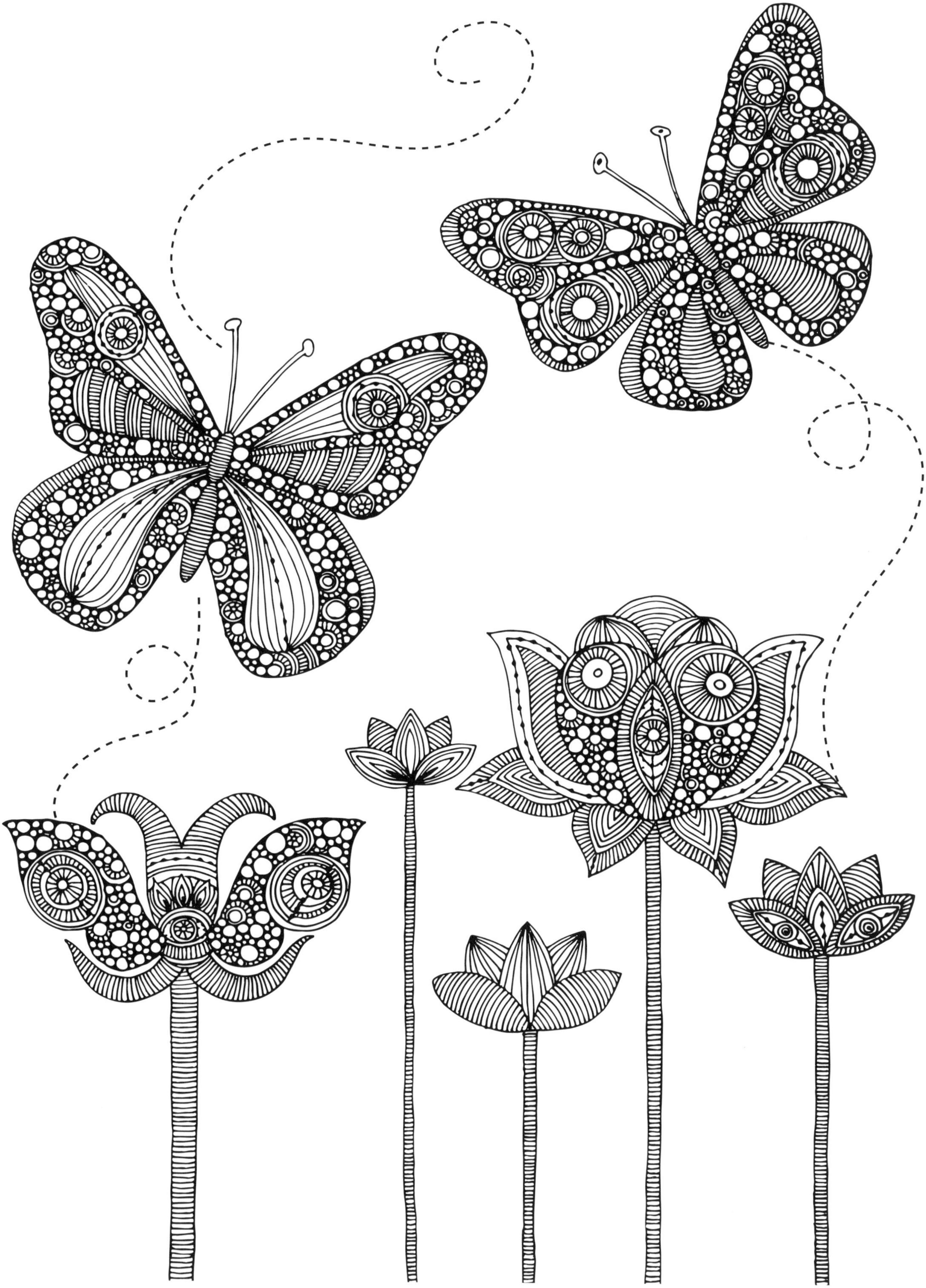

Es geht nicht darum, wie du aussiehst,
es geht darum, was du aus dir machst!

Unbekannt

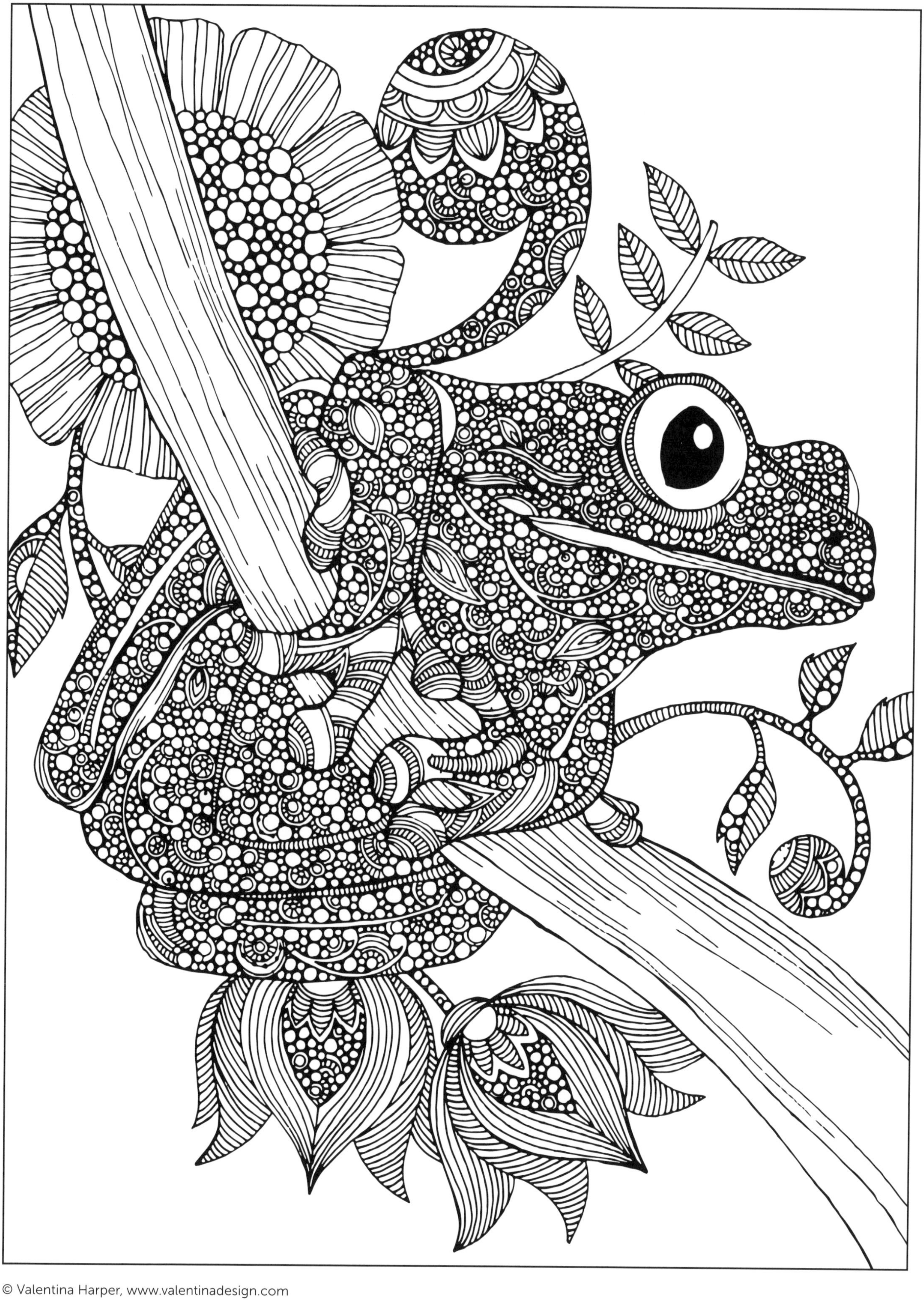

Entscheidest du dich, nicht zu lernen,
kann dir niemand helfen.
Entscheidest du dich, zu lernen,
kann dich niemand aufhalten.

Unbekannt

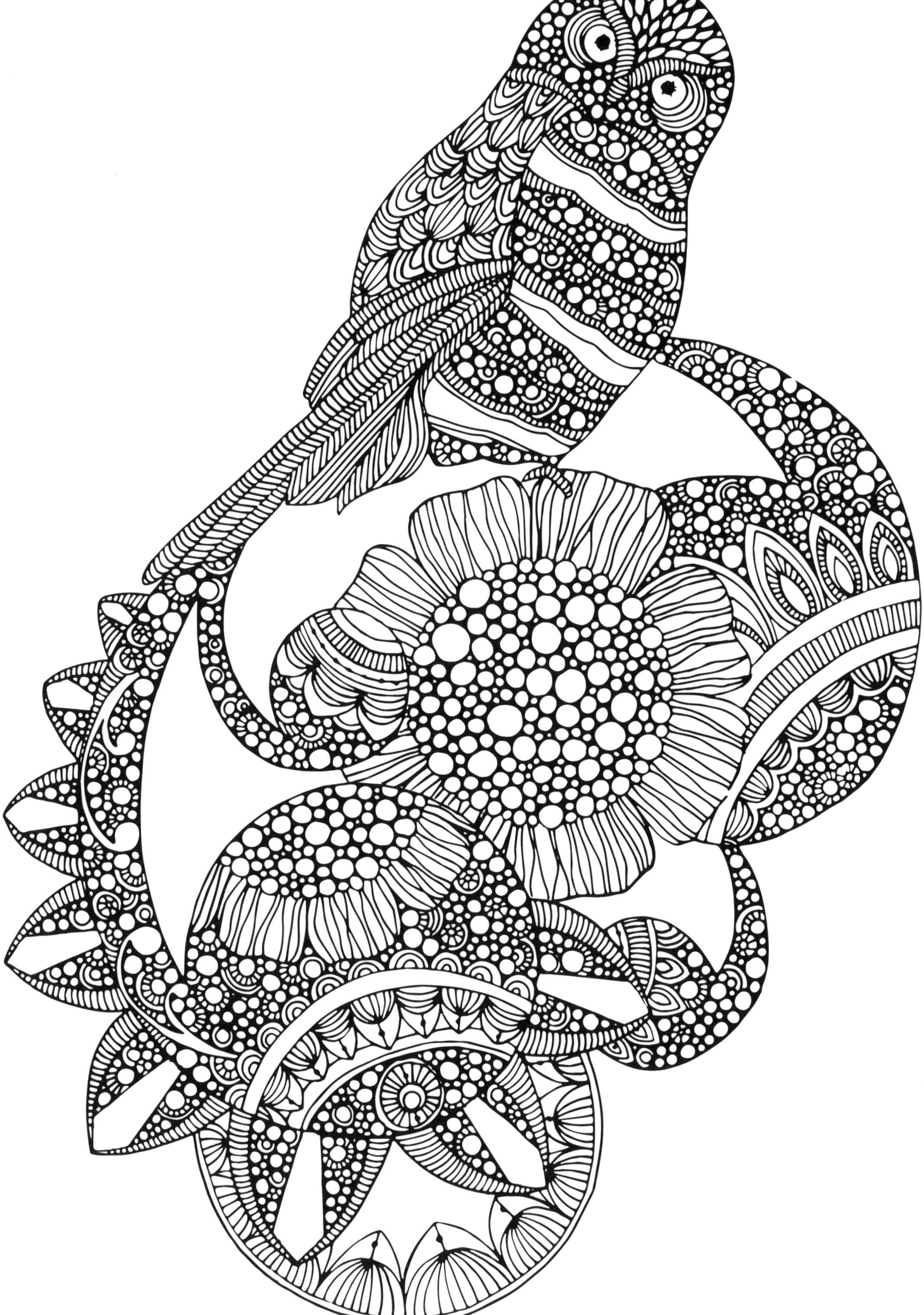

Wenn die Welt zu dir sagt: »Gib auf!«,
flüstert die Hoffnung: »Versuch es noch mal!«

Unbekannt